Marriages
of
Isle *of* Wight County Virginia

1628-1800

By: Blanche Adams Chapman

Copyright 1933
By: Blanche Adams Chapman

All rights reserved. No part of this publication may be reproduced,
stored in a retrieval system, transmitted in any form,
posted on to the web in any form or by any means
without the prior written permission of the publisher.

Please direct all correspondence and orders to:

www.southernhistoricalpress.com
or
**SOUTHERN HISTORICAL PRESS, Inc.
PO BOX 1267
375 West Broad Street
Greenville, SC   29601**
southernhistoricalpress@gmail.com

ISBN #0-89308-918-4

Printed in the United States of America

To

My Beloved Friend

RUSSELL SYER BURETT

This Compilation Is Dedicated
Which is the Result Of Her In-
terest and Encouragement.

PREFACE.

For several years I have been compiling a list of marriages, which could be proven from the Isle of Wight County Records. In view of the fact that so few Marriage Bonds have been preserved by the County prior to 1800; I feel that my list has grown to such proportions that it should be made available to the many researchers interested in this early County. The greater number of these marriages can be verified from the references given, others are my deductions or inferences from placing several references together.

Few Isle of Wight Families can be completed without reference to the records of Southampton County, which was Nottoway Parish and cut off from the Mother County in 1749. The Bonds in this County antedate the earliest one on file for Isle of Wight by twenty years and a much larger number have withstood the ravages of time. The references given to marriages in this County have not been checked by the Bonds, for I feel the source of more information of the contracting parties should be of value even if the Bond has been preserved.

The dates given in the list are the dates upon the papers in which the proof of marriage is found. Where the evidence was not strong enough to actually prove a claim, although I believed it to be true I have entered it as a marriage, preceeded by the following symbol, #. The book in the Isle of Wight Records, known as the "Great Book" is composed of both Deeds and Wills; if the proof is in the Deeds the reference is listed as G. B., if it is to be found in the Wills I have entered it as G. B. 2.

Where so many figures are involved, numbers will become transposed and doubtless errors will be found; if a researcher will notify me if the information is not where the reference is given, the error will be corrected at my expense. A certified copy of the abstracts upon which I believed the marriage to be proved will be furnished for the sum of $1.00.

                        Mrs. Lewis L. Chapman, Genealogist,
                        Box 182,
                        Smithfield, Virginia.

MARRIAGES - 1628-1800.

Abraham, John & Elizabeth Washington, dau of Arthur Washington.
    1758. Southampton Co. W. B. I, P. 408.

Adams, John & Mary Washington, dau. of Arthur Washington.
    1769. Southampton Co. D. B. 4, P. 138.

Adams, Thomas & Mary Rawlings, dau of John Rawlings.
    1778. Southampton Co. W. B. 3, P. 233.

Allen, Henry & Mary Boazman, dau. of Ralph Boazman.
\#   1693. G. B. P. 560. D. B. I, P. 66.

Allen, John & Elizabeth Selloway, dau. of John Selloway.
    1712. G. B. 2, P. 158.

Allen, Thomas & Mrs. Martha Rutter, R. of Walter Rutter.
    1704. W. & D. B. 2, P. 451, 522 & 656.

Allen, Thomas & Honour Fuller, dau. of Ezekial Fuller.
\#   1722. G. B. 2, P. 133. W. B. 4, P. 333.

Alley, Thomas & Mrs. Mary Jennings, R. of John Jennings.
    1678. W. & D. B. 2, (Rev.), P. 45.

Allmand, Aaron & Ann Harrison, dau. of William Harrison.
    1762. W. B. 7, P. 200. O. B. 1759-63, P. 393.

Allmand, Isaac & Mrs. Mary Wiggs, R. of George Wiggs.
    1778. D. B. 13, P. 505.

Applewhaite, Arthur & Jane Moscrop, dau. of Thomas Moscrop.
    1745. W. B. 5, P. 14. O. B. 1746-52, P. 310.

Applewhaite, Arthur & Ridley Wilson, dau. of George Wilson.
    1792. W. B. 6, P. 379. W. B. 10, P. 226. W. B. 11 P. 21.

Applewhaite, Henry & Ann Marshall, dau. of Humphry Marshall
    1711. W. & D. B. 2, P. 533.

Applewhaite, Henry & Sarah Miller, dau. of Nicholas Miller.
    1779. W. B. 7, P. 133. O. B. 1772-80, P. 497.

Applewhaite, Mills & Margaret Harrison.
    1786. Isle of Wight Land Tax Books.

Applewhaite, Thomas & Mary Archer, dau of Edward Archer of Norfolk.
    1764. D. B. 11, P. 214.

Appleyard, William & Margaret Dodman, dau. of John Dodman of Mulberry Island.
    1679. W. & D. B. I, P. 429.

Arrington, William & Elizabeth Pedin, dau. of James Pedin.
    1703. D. B. I, P. 392.

Askew, John, & Katherine Oglethorpe, dau. Thomas Oglethorpe.
    1694. D. B. I.(Rev.) P. 48. W. & D. B. 2, p. 292

Askew, Nicholas & Sarah Oglethorpe, dau. of Thomas Oglethorpe.
    1694. D. B. I. (Rev.) P. 48. W. & D. B. 2, P. 292

Atkins, Christopher & Elizabeth Rodwell, sister of John Rodwell
    1719. G. B. 2, P. 28

Atkins, David & Susannah Exum, dau. of Robert Exum.
    1751 D.B. 8, P. 422.

Atkinson, James & Mary Holiman, Dau. of Christopher Holliman.
    1691. W. & D. B. 2, P. 309. G. B. 2, p. 146

Atkinson, James Jr. & Mrs. Martha Price, R. of Joseph Price.
    1739. D.B. 5, p. 360 W. B. 3.P. 133

Atkinson, James & Mary Oney, dau. of Leonard Oney.
    1772. Southampton County W. B. 3, p. 251

Atkinson, Jesse & Mary Wilson, dau. of George Wilson
    1772. D.B. 12, p. 462. O.B. 1759-63, p. 151

Atkinson, John & Ann Holliman, dau. of Christopher Holliman
    1691. W. & D. B. 2, p. 309. G.B. 2, p. 144

Atkinson, John & Elizabeth Oney, dau. of Leonard Oney
    1772. Southampton County W. B. 3, p. 251

Atkinson, Siomon & Celia Wombwell, dau. of Thomas Wombwell.
    1784. W. B. 9. P. 294

Ayres, Francis & Mrs. Jane Clark R. of Humphry Clark.
    1656. Bk. A.P. 61 & 70. W. & D. B. 2, P. 139

Bacon, Nathaniel Sr. & Mrs. Ann Smith
    1654 Bk. A.P. 93.

Bagnall, James & Ann Braswell, Dau. of Robert Braswell.
    1667 W. & D. B. 2, P. 52. W. & D. B. 1, P. 311

Bagnall, James & Rebecca Izard, dau. of Richard Izard.
    1675. W. & D. B. 2, P. 135.

Bagnall, Nathan & Ann Wilkinson, Dau. of Richard Wilkinson.
    1741. W. B. 4, P. 418.

Bailey, Barneby & Mary Wood, dau. of George Wood.
    1770. Southampton County W. B. 2. P. 342.

Bailey Benjamin & Elizabeth Scott, dau. of William Scott.
    1763. W. B. 7. P. 404.

Bailey, John & Mary Calthorpe, dau. of ~~Charles Calthorpe~~.
    1756. Southampton County W. B. 2, P. 30.

Baldwin, William & Mrs. Elizabeth Barlow, R. of Thomas Barlow.
    1679. W. & D. B. 2, P. 200. W. & D. B. 1. P. 405.

Baker, Blake & Catherine Bridger, dau. of Joseph Bridger.
    1786. Isle of Wight Land Tax Bk. 1786-87.

Baker, Charles & ----- Williams, dau. of Rowland Williams.
    1688. W. & D. B. 2, P. 71.

Baker, Richard & Judith Bridger, dau. of Joseph Bridger.
    1784. D. B. 15, P. 273.

Ballard, Elisha & Ann Lawrence, dau of John Lawrence.
    1757. W. B. 6, P. 313.

Barcroft, Josiah & Mary Wilson, dau of Sampson Wilson.
    1804. W. B. 12, P. 21.

Barham, Thomas & Sarah Newsum, dau. Of Thomas Newsum.
    1745. W. B. 5, P. 5.

Barlow, George & Sarah Clay, dau. of William Clay.
    1694. D. B. 1. (Rev.) P. 68.

Barlow, William & Lucy Lancaster, dau. of Henry Lancaster.
    1784. W. B. 9, P. 276.

Barnes, John & Ann Jones, dau of John Jones.
    1697. W. & D. B. 2, P. 385.

Barraud, Phillip of Williamsburg & Ann Hansford, dau. of
    Lewis Hansford. 1786. W. B. 10, P. 44.

Batt, William & Mrs. Sarah George, R. of William George.
 #   1721. G. B. 2, P. 108.

Battle, John & Sarah Browne, dau. of Dr. Samuel Browne.
    1739. W. B. 4, P. 274.

Baynton, Peter & Elizabeth Boutcher.
    1669. D. B. 1, P. 104.

Beale, Benjamin Jr. & Martha Neville, dau. of John Neville.
 #   1689. D. B. 1, P. 22.

Beale, Benjamin & Lydia Rickes, dau. of Abraham Rickes.
    1748. D. B. 8, P. 124.

Beale, John & Patience Mayo, dau. of William Mayo (May)
    1745. D. B. 7, P. 154.

Beckett, Charles & Jane Johnson, dau. of Thomas Johnson.
    1671. W. & D. B. 2, P. 102.

Bell, Benjamin & Mary Lancaster, dau. of Mrs. Sarah Lancaster
1772. B.B. 2, p. 125

Bell, William & Ann Jones, Dau. of Richard Jones.
1721 B.B. 2, P. 84

Benn, James & Jane Smith dau. of Arthur Smith
1697 W. & D. B. 2, p. 377 & 381

Benn, James & Mary Applewhaite, dau. of Thomas Applewhaite.
1728 W. B. 3. P. 340 & 329. W. B. 4, P. 257

Bennett, Ambrose & Mary Izard, dau. of Richard Izard.
1675. W. & D. B. 2, P. 135

Bennett, Moses & Mrs. Lucy Simmons, R. of Stephen Simmons
1769. Southampton O.B. 5, p. 199

Berryman, Robert & Mrs. Mary Powell, R. of Nathan Powell
1729. W.B. 3, P. 159 & 179

Best, Henry & Mrs. Elizabeth Godwin. R. of James Godwin.
1755. W.B. 5. P. 300. W. B. 6, P. 161

Best, John & Martha Hill, dau. of Mrs. Silvestra Hill
1693. D. B. 1 P. 148

Bevan, Hardy & Dorcas Doyel, dau. of Edward Doyel.
1762 W. B. 1 P. 495

Bevan Peter & Mary Green, dau. of Mrs. Mary Green.
1734. W. B. 4, p. 108 & 197

Bevan, Robert & Sarah Gross, dau. of Francis Gross
1750. W. B. 5, P. 363

Bidgood, John Jr. & Ann Lupo, dau. of James Lupo.
1712. W. & D. B. 2 P. 542. W. B. 3, P. 9

Bidgood, William Sr. & Hester Williamson, dau. of Geo. Williamson
1746. D.B. 7. P. 433. D.B. 9 P. 172

Bidgood, William & Jane Ingram, dau. of Jennings Ingram.
1764. O. B. 1764-68, P. 1 W. B. 8, P. 308.

Blunt, Richard & -----Crews, sister of John Crews
1690. D. B. 1. P. 267

Blunt, Richard & Mary Browne, dau; of William Browne.
1709. W. & D. B. 2, p. 498.

Blunt, William & Elizabeth Bressie, dau. of Hugh Bressie.
1749. W. B. 7, p. 126

Boazman, Ralph & Mary Price.
1723 B. B. P. 560

Boddie, William & Mrs. Mary Griffin R. of Owen Griffin.
1712. W. & D. B. 2, P. 633. W. B. 3, P 299.

Bond, John & ----- Bell, sister of John Bell.
       1687. W. & D. B 2, P. 274.

Bowen, John & Dorcas Runels, dau. of Henry Runels, (Reynolds)
       1725. W. B. 3, P. 155.

Boyd, Thomas & Mrs. Martha Norsworthy, R. of Geo. Norsworthy.
       1706. D. B. 2, P. 59.

Boykin, Francis & Ann Marshall, dau. of John Marshall.
       1783. W. B. 9, P. 232. D. B. 14, P. 193.

Boykin, William & Margaret Vickers, dau. of Ralph Vickers.
       1734. W. B. 4, P. 44. W. B. 5, P. 89.

Boulger, Thomas & Sarah Smith, dau. of William Smith.
       1704. W. & D. B. 2, P. 470 & 476.

Bourden, Nicholas & Mrs. Prudence Wrenn, R. of John Wrenn.
       1738. O. B. 1746-52. P. 229. W. B. 4, P. 250.

Braddy, Patrick & Margaret Wood, sister of Josias Wood.
       1709. W. & D. B. 2, P. 497.

Bradley, David & Mrs. Elizabeth Harrison, R. of John Harrison.
       1790. W. B. 11, P. 199.

Bradley, Samuel & Mrs. Mary Pitt, R. of John Pitt.
\#   1759. O. B. 1759-63. P. 28. W. B. 7, P. 419.

Bradshaw, William & Selah Boon, dau. of Ratcliff Boon.
       1795. W. B. 11, P. 174 & 275.

Bragg, James & Mary Edwards, dau. of Robert Edwards.
       1694. D. B. 1, (Rev.) P. 57.

Branch, George of Surry County & Anne England, dau. of
       Francis England. 1677. W. & D. B. 2, P. 144.

Brantley, Benjamin & Mary Lupo, sister of Philip Lupo.
       1772. W. B. 9, P. 30 & 127.

Brantley, Edward & Mary Davis, sister of John Davis.
       1750. O. B. 1746-52, P. 229.

Brantley, John & Elizabeth Clay, dau. of William Clay.
       1694. D. B. 1, P. 68. (Rev.).

Brantley, John & Mrs. ----- Wilson, R. of John Wilson.
       1694. D. B. 1, (Rev.), P. 81.

Brantley, Philip & Joyce Lewis, sister of John Lewis.
       1692. W. & D. B. 2, P. 320.

Brantley, Philip & Mrs. Mary Applewhaite, R. of Henry Apple-
       whaite, Jr. 1745. W. B. 4, P. 547.

Brantley, Willis & Mrs. Mary Jenkins, R. of Valentine Jenkins.
1780.   O. B. 1780-83, P. 115.   W. B. 10, P. 189.

Brassell, John & Mrs. Jane Lewis, R. of Zebulon Lewis.
1741.   W. B. 4, P. 229 & 398.

Bressie, (Brassieur, Bracey) John & Mary Pitt, dau of Robt. Pitt.
1672.   W. & D. B. 2, P. 128.

Bressie, John of Nansemond County & Martha Norseworthy, dau. of George Norsworthy. 1738. W. B. 4, 221 & 375. D. B. 5, P. 48

Bressie, Solomon & ---- Haile, dau. of John Haile.
1792.   W. B. 10, P. 297.

Brewer, John & Mrs. Joanna Cannaday, R. of Samuel Cannaday.
1711.   W. & D. B. 2, P. 517 & 521.

Brickell, Mathais, & Rachel Noyall.
1750.   D. B. 8, P. 337.

Bridger, John & Mrs. ---- Dickenson, R. of Christopher Dickenson.
1739.   W. B. 4, P. 71.

Bridger, John & Martha Mallory, dau. of John Mallory.
1788.   W. B. 10, P. 128 & 129.

Bridger, Joseph & Hester Pitt, dau. of Robert Pitt.
1672.   W. & D. B. 2, P. 128.

Bridger, Joseph & Elizabeth Norsworthy, dau. of John Norseworthy.
1691.   W. & D. B. 2, P. 310 & 574.

Bridger, Joseph & ---- Pitt, dau of John Pitt.
1729.   W. B. 4, P 43.

Bridger, Joseph & Sarah Davis, dau. of John Davis.
1754.   D. B. 9, P. 272.

Bridger, Lear & ---- Glover, dau. of William Glover.
W. B. 6, P. 525.   W. B. 9, P. 272.

Bridger, Samuel & Mrs. Elizabeth Woory, R. of Joseph Woory.
1693.   W. & D. B. 2, P. 336.

Bridger, William & Elizabeth Allen, sister of Joseph Allen.
1727.   W. B. 3 P. 15 & 68.

Bridger, William & Martha Smith, dau. of Arthur Smith.
1732.   W. B. 3, P. 309.   W. B. 4, P. 424.

Briggs, Charles & Elizabeth Blow, dau. of Samuel Blow.
1766.   Southampton County W. B. 2, P. 166.

Briggs, James Sr. & Sarah Edwards, dau. of Charles Edwards.
1713.   W. & D. B. 2, P. 578.

Briggs, James & Mrs. Mary Bell. Marriage Contract.
1723. G. B. P. 569.

Britt, Edward Sr. & Sarah Johnson, dau. of Robert Johnson.
1757. W. B. 6, P. 304. Southampton Co. W.B. 4, P. 372.

Britt, John & Susannah Bressie, dau of Hugh Bressie.
1699. D. B. 1, P. 277. W. B. 3, P. 20.

Brock, Robert & Mrs. Sussannah Toule, R. of Hercules Toule
1685. W. & D. B. 2, P. 244.

Brock, Thomas & Susannah House.
1756. D. B. 14, (Rev.) P. 169.

Bromfield, John & Mrs. Olive Driver, R. of Giles Driver.
1679. W. & D. B. 1, P. 431. W. & D. B. 2, P. 454.

Brown, Edward & Mrs. ---- Culley, R. of John Culley.
1690. W. & D. B. 2, (Rev), P. 74.

Brown, George & Mary Holliday, dau. of Samuel Holliday.
1762. O. B. 1759-63, P. 342.

Brown, James of London & Hester Nash, dau. of Nicholas Nash
1730. D. B. 4, P. 182.

Brown, Dr. Jesse & Elizabeth Ridley, dau. of Nathaniel Ridley.
1750. W. B. 5, P. 322.

Brown, Jesse & Esther Stephenson, dau. of Thomas Stephenson.
1770. Southampton County, W. B. 2, P. 314.

Brown, John & Mary Boddie, dau. of William Boddie.
1682. W. & D. B. 2, P. 231.

Brown, John & ---- Williams, dau. of John Williams Sr.
1692. W. & D. B. 2, P. 318. G. B. 2, P. 90.

Brown, John & Mrs. Hannah Holliday, R. of Samuel Holliday.
1762. O. B. 1759-63, P. 342.

Brown, John & ---- Pitt, sister of Isham Pitt.
1794. W. B. 10, P. 306.

Brown, Samuel & Elizabeth Pitt, dau. of John Pitt.
1759. O. B. 1759-63, P. 28. W. B. 7, P. 419.

Brown, Thomas & Ann Wentworth, dau. of Samuel Wentworth.
1767. D. B. 15, P. 140.

Brown, William & ---- Wood, sister of Josias Wood.
1682. W. & D. B. 2, P. 232.

Brown, William & Sarah Edwards, dau. of Benjamin Edwards.
1761. Southampton County D. B. 3, P. 80.

Brown, William & Ann Taylor, dau. of Mrs. Lucy Taylor.
  1776. Southampton County W. B. 3, P. 151.

Bruce, James & Margaret Thrope, dau of Timothy Thrope.
  1750. Southampton County W. B. 1, P. 37.

Bruin, Thomas & ---- Madison, dau. of Mrs. Ann Madison.
  1670. W. & D. B. 2, P. 109.

Bryant, Charles & Lydia Monro, dau. of John Monro.
  1760. W. B. 7, P. 22. O. B. 1760-68, P. 244.

Bryant, Edward & Christian Council, dau. of Hodges Council
  1699. D. B. 4, P. 104. W. & D. B. 2, P. 419.

Bryant, George & Mrs. Sarah Wills, R. of John Wills.
  1764. O. B. 1764-68, P. 11. W. B. 7, P. 335.

Bryant, John & Elizabeth Joyner, dau. of Bridgman Joyner.
  1716. G. B. 39.

Bryant, John & Mary Monro, dau. of John Monro.
  1760. W. B. 7, P. 22.

Bulger, Thomas & Mrs. Elizabeth Wright, R. of Thomas Wright
  1680. W. & D. B. 2, P. 208.

Bulger, Thomas & Sarah Smith, dau. of William Smith.
  1704. W. & D. B. 2, P. 470.

Bullock, John & Sally Bridger, dau. of Samuel Bridger.
  1797. O. B. 8, P. 25.

Bullock, joseph, & Penelope Dixon, dau. of Thomas Dixon.
  1746. W. B. 5, P. 141.

Bullock, Joseph & Penelope Garner, dau. of John Garner.
  1761. W. B. 7, P. 184 & 194.

Bullock, Thomas & Mrs. Mary Allen, R. of Henry Allen.
  1695. D. B. 1, P. 166.

Bullock, William & Rachell Nevelle, dau. of Roger Nevelle.
  1775. D. B. 13, P. 325.

Bullock, Willis & Mary Newman, dau. of John Newman.
  1782. W. B. 9, P. 172 & 273.

Bunkley, Jacob & Mary Holliday, dau. of Mrs. Ann Holliday.
  1760.). B. 1759-63. P. 144.

Bunkley, Joshua & Sally King, dau. of Mrs. Martha King.
  1783. W. B. 10, P. 202.

Burk, Thomas & Sally Harrison, sister of William Harrison.
  1769. W. B. 8, P. 22.

Burnett, Robert & Mrs. Joan Williamson, R. of Dr. Robert
1672.   W. & D. B. 2, P. 85 & 116.   Williamson.

Butler, John & Sarah Wright, sister of John Wright.
1753.   W. B. 6, P. 297 & 400.

Butler, John & Mrs. Mary Harris, R. of Mathew Harris.
1801.   W. B. 11, P. 441.

Butler, Stephen & Sally Marshall, dau. of Dempsey Marshall.
1805.   C. B. 1803-1806, P. 371.

Calcote, (Calclough) James & Mary Goodrich, dau. of George
1750.   D. B. 8, P. 349.   Goodrich.

Calcote, & Ann Bromfield, dau. of John Bromfield.
1734.   D. B. 4, P. 397.

Carr, Nathan & Ann English, dau. of Mrs. Mary English.
1763.   D. B. 11, P. 186.

Carr, Robert & ---- Lawrence, dau. of John Lawrence.
1738.   W. B. 4, P. 226.

Carr, Robert & Elizabeth Vasser, dau. of Nathan Vasser.
1770.   Southampton County W. B. 2, P. 320.

Carrell, Gray & ---- Jones, dau. of David Jones.
W. B. 10, P 313. W. B. 11, P. 41.

Carrell, John & Elizabeth Vasser, dau. of Peter Vasser.
1708.   W. & D. B. 2, P. 497 & 585.

Carrell, John & Mary Wheadon, dau. of James Wheadon.
1760.   O. B. 1759-60, P. 195.

Carrell, Thomas & Mrs. Jane Vicars, R. of John Vicars.
1680.   W. & D. B. 2, P. 208.

Carrell, Thomas & Mary House, dau. of Robert House.
1704.   D. B. 1, P. 419.

Carstaphen, Perkins & Betty Saunders, dau. of Robert Saunders
1792.   W. B. 10, P. 270.

Carter, Thomas & Magdalen Moore, dau. of George Moore.
1673.   D. B. 1, P. 324.

Carter, William of Dinwiddie Co. & Mary Lane, dau. of
1760.   Southampton Co. D. B. 3, P. 6.   Richard Lane.

Carter, William & Mrs. Mary Smith, R. of Joseph Smith.
1779.   W. B. 10, P. 103. W. B. 11, P. 116.

Carver, William & Jane Moore, dau. of John Moore.
1692.   D. B. 1, P. 46.

Casey, Nicholas & Constant Harrison, dau. of John Harrison.
1732. W. B. 3, P. 318.

Casey, Richard & Jane Reynolds, dau. of Richard Reynolds.
1706. D. B. 2, P. 46.

Casey, Thomas & Mrs. Hannah Parr, R. of Anthony Parr.
1779. O. B. 1772-80, P. 490.

Champion, John & Mrs. Dian Barnes, R. of Thomas Barnes.
1683. W. & D. B. 2, P. 235.

Channell, Arthur & Peggy Bowden, dau. of Lemuel Bowden.
1804, O. B. 1803-1806, P. 118.

Channell, Ralph & Mrs. Grace Perry, R. of Phillip Perry.
1669. W. & D. B. 2, (Rev.) P. 22.

Channell, Thomas & Elizabeth Montgomery.
1763. O. B. 1759-63, P. 431.

Chapman, Charles & Ann Day, sister of James Day.
1700. W. & D. 2, P. 428 & 475.

Chapman, Charles & Ann Parker, dau. of Thomas Parker.
1741. W. B. 4, P. 422. W. B. 5, P. 235.

Chapman, John & Frances Ward, dau. of Thomas Ward.
1702. D. B. 2, P. 15. W. & D. B. 2, P. 333.

Chapman, John & Jordan Harrison, dau. of William Harrison.
1751. D. B. 8, P. 401.

Chapman, John & Sarah Wiggs, dau. of George Wiggs.
1778. D. B. 13, P. 505.

Chapman, Richard & Mrs. Esther Woodward, R. of John G.
1802. O. B. 1801-3, P. 360.   Woodward.

Chapman, William & Mary Crocker, dau. of William Crocker.
1778. O. B. 1772-80, P. 425.

Childs, Thomas & ——— Jackson, dau. of John Jackson.
1762. W. B. 7, P. 181.

Clark, James & Judith Huntt, dau. of William Huntt.
1669. W. & B. B. 2; P. 78 & 110.

Clark, Henry & Mrs. Jane Ayres, R. of Francis Ayres.
1679. W. & D. B. 2; P. 191.

Clark, John & Mary Flake, dau. of Robert Flake.
1670. W. & D. B. 2, P. 89.

Clark, John & Rebecca Richardson, dau of William Richardson.
1764. O. B. 1764-68. P. 287 & 394.

Clark, John & Sarah Bembridge Godwin, dau. of Mrs. Sarah
    1767.   D. B. 12, P. 175.   Godwin.

Clark, John & Elizabeth Hudson, dau. of Levin Hudson.
    1799.   D. B. 18, P. 390.

Clark, Thomas & Elizabeth Sampson, dau. of James Sampson.
 #   1688. W. & D. B. 2, P. 291 & 386.

Clark, Thomas & ---- Norwood, sister of William Norwood.
    1735.   W. B. 4, P. 104.

Clark, William & Mrs. Mary Ward, R. of Thomas Ward.
    1702.   W. & D. B. 2, P. 333. D. B. 2, P. 15.

Clary, Charles & Elizabeth Jordan, dau. of Mathew Jordan.
    1785.   W. B. 10, P.1. W. B. 11, P. 474.

Clary, James & Martha Stevenson, dau. of Mrs. Martha Steven-
    1773.   Southampton County W. B. 3, P. 107.   son.

Clayton, John & Mary Holleman, dau. of Joshua J. H. Holleman.
    1763.   Southampton County W. B. 2, P. 136.

Clegg, Robert & Polly Dowty, dau. of Hezekiah Dowty.
    1803.   O. B. 1801-3, P. 438.

Clifton, John & Lidia Claud, dau. of Joshua Claud.
    1773.   Southampton County W. B. 3, P. 142.

Clinch, Joseph John & Elizabeth Goodrich, dau. of George
    1733.   W. B. 3, P. 389.   Goodrich.

Cobb, Edward & Mrs. ---- Blunt, R. of William Blunt.
    1687.   W. & D. B. 2, P. 269.

Cobb, George B. & Elizabeth Young.
    1812.   O. B. 1810-13, P. 329.

Cobb, John & Mary Exum, dau. of Benjamin Exum.
    1785.   Southampton County W. B. 4, P. 114.

Coddin, Phillip & Mrs. Mary Green, R. of Thomas Green.
    1689.   D. B. 1, P. 17.

Cofer, James & Mary Simmons, dau. of James Simmons.
    1761.   O. B. 1759-60. P. 63 & 202.

Cofer, Jesse & Esther Jones, dau. of John Jones.
    1778.   W. B. 9, P. 26. W. B. 10, P. 193. D. B. 15, P
                                                          444.
Cofer, John & Jane Bennett, dau. of Richard Bennett.
 #   1720. G. B. 2, P. 41.

Cofer, Thomas & Olive Ward, dau. of Thomas Ward.
    1784.   D. B. 15, P. 399. W. B. 9, P. 213.

Cofer, Thomas & Elizabeth Moody, dau. of Phillip Moody.
　　　　1786.　W. B. 10, P. 90.

Coggan, John & ---- Moore, dau. of John Moore.
　　　　1702.　W. & D. B. 2, P. 469.

Coggan, John Jr. & Honour Johnson, dau. of Henry Johnson.
　　　　1794.　W. B. 10, P. 308.

Coggan, Robert & Sarah Green, dau. of John Green.
　　　　1719.　G. B. 2, P. 61.

Coging, John & Ann Britt, dau. of Benjamin Britt.
　　　　1783.　Southampton County W. B. 4, P. 95.

Cole, Alexander & Bethiall Hill of Salem in New England.
　　　　1688.　D. B. 1, P. 10.

Collins, John & Eleanor Oliver, dau. of John Oliver.
　　　　1666.　W. & D. B. 1, P. 93.

Collins, William & Mrs. Ann Wilds, R. of Thomas Wilds.
　　　　1675.　W. & D. B. 2, (Rev,) P. 35.

Colter, John & Mrs. ---- Abbington, R. of Thomas Abbington.
　　　　1693.　D. B. 1, (Rev.) P. 12.

Cook, Joel & Priscilla Eley, dau. of William Eley.
　　　　1761.　W. B. 7, P. 144 & 468.

Cook, Reuben & Hannah Atkinson, dau. of John Atkinson.
　# 　　1717.　G. B. 2, P. 145.　W. B. 5, P. 355.

Cook, Thomas & Mary Jones, dau of Arthur Jones.
　　　　1702.　D. B. 1, P. 383.

Cook, William & Joane Roper, dau. of Hugh Roper of Somersett
　　　　1665.　W. & D. B. 1, P. 32.　　　　County, Eng.

Cooper, Jusinian & Mrs. Ann Harris, R. of James Harris.
　　　　1628.　Bk. A. P. 101.
　　(Claimed that other extant colonial records prove this
　　　　name to be Harrison).

Copeland, Joseph & Mary Woodley, dau. of Andrew Woodley.
　　　　1709.　D. B. 2, P 106.

Copeland, Thomas & Holland Applewhaite, dau. of Thomas Apple-
　　　　1735.　W. B. 4, P. 94 & 257.　　　　whaite.

Corbett, John & Mrs. Lucretia Powell, R. of Nathaniel Powell.
　　　　1678.　W. & D. B. 2, P. 172.

Corbett, Samuel & Mary Nelm, dau. of John Nelms.
　　　　1785.　W. B. 10, P. 6.　W. B. 5, P. 293.

Corbett, Samuel & Mary Johnson, dau. of James Johnson.
　　　　1745.　W. B. 5, P. 67.　W. B. 10, P. 124.

Cotton, John & Martha Godwin, dau. of William Godwin.
\# 1701. D. B. 2, P. 67. G. B. 2, P. 52.

Council, Hodges & Lucy Hardy, dau. of John Hardy.
1675. W. & D. B. 2, P. 146. D. B. 2, P. 171.

Council, James & Elizabeth Briand, dau. of James Briand.
1761. W. B. 7, P. 240. D. B. 12, P. 203.

Council, John & Mrs. ---- Jeffries, R. of Richard Jeffries.
1666. W. & D. B. 2, (Rev.), P. 13.

Coupland, James & Martha Johnson, dau. of Robert Johnson.
1761. W. B. 7, P. 424.

Cowling, Josiah & Uriana Monro, dau. of John Monro.
1769. W. B. 7, P. 22. O. B. 1768-69, P. 132.

Creswell, Clement & Mrs. Ann Whitfield.
1675. W. & D. B. 2, (Rev.), P. 39.

Crew, John & Mourning Scott, dau. of William Scott.
1759. D. B. 10. P. 148.

Cripps, George & Mrs. Joyce England, R. of Francis England.
1679. W. & D. B. 2, P. 202.

Crocker, Anthony & Ann Francis, dau. of John Francis.
1697. W. & D. B. 2, P. 377.

Crocker, Joseph & ---- Lancaster, dau. of Robert Lancaster.
1760. W. B. 7, P. 53.

Crocker, Milner & Polly Chapman, dau. of Benjamin Chapman.
1814. W. B. 13, P. 430.

Croft, Samuel & Ann Bell, sister of Benjamin Bell.
1726. W. B. 3, P. 33.

Croom, Edward & Patience Garner, dau. of James Garner.
1748. W. B. 5, P. 144. W. B. 6, P. 36.

Crudup, Joshua & Mourning Dixon, dau. of Thomas Dixon.
1745. W. B. 5, P. 141.

Crump, John C. & Mary Wilson, dau. of Sampson Wilson.
1810. O. B. 1810-13, P. 16.

Crumpler, Edmund & Mary Peirce, dau. of William Peirce, Sr.
1791. W. B. 10, P. 217 & 225.

Crumpler, William & Elizabeth Arrington, dau. of William
1725. B. B. 2, P. 169. D. B. 5, P. 568. Arrington.

Culley, Cornelius & Mrs. ---- Wright, R. of Thomas Wright.
1657. W. & D. B. 2, P. 46 & 49.

Cunningham, John & Polly Fulgham, dau. of Joseph Fulgham.
          1782.   W. B. 9, P. 303.   D. B. 15, P. 44.

Cutchin, Joseph & Mrs. Judith Wilson, R. of George Wilson.
          1760.   O. B. 1759-63.   W. B. 6, P. 379.

Cutchin, Joseph & Mrs. Priscilla Pitt, R. of John Pitt.
          1762.   O. B. 1759-63. P. 298.   W. B. 7, P. 61.

Cutchins, Josiah & Polly Davis, dau. of John Davis.
          1805.   O. B. 1803-6, P. 234.

Dale, Peter & Mrs. Mary Munger, R. of John Munger.
          1675.   W. & D. B. 2, P. 102.

Daniels, Elias & Polly Holland, dau. of James Holland.
          1801.   O. B. 1801-3, P. 125.

Daniels, James & Sarah Pope, dau. of Mrs. Priscilla Pope.
          1768.   W. B. 8, P. 2.   D. B. 15, P. 295.

Daniels, John & Mary Uzzell, sister of James Uzzell.
          1756.   D. B. 9, P. 433 & 434.

Daniels, Thomas & Ann Allen, dau. of Thomas Allen.
          1730.   W. & D. B. 2, P. 656.   D. B. 5, P. 22.

Daniels, William & Deborah Garland, dau. of Peter Garland.
          1694.   W. & D. B. 2, P. 423.

Darden, Jacob & ---- Williamson, dau. of George Williamson.
          1721.   G. B. 2, P. 118.   W. B. 4, P. 77.

Darden, Jacob & ---- Lawrence, sister of Samuel Lawrence.
          1739.   W. B. 4, P. 332.   W. B. 6, P. 246.

Darden, John & Elizabeth Powers, dau. of Edward Powers Sr.
          1729.   W. B. 3, P. 162.

Darden, John & ---- Giles, dau. of Hugh Giles.
          1774.   O. B. 1772-80, P. 254 & 281.

Darwin, Robert of Ireland & Elizabeth Hill, dau. of John
          1744.   D. B. 9, P. 163   Hill.

Daughtrey, John & Margaret Lawrence, dau. of John Lawrence.
          1742.   W. B. 5, P. 213 & 296.

Daughtrey, John & Elizabeth Williams, dau. of Richard
          1749.   Southampton Co. W. B. 1, P. 13. Williams.
                  W B. 6, P. 176 & 435.

Daughtrey, Richard & Christian Council, dau. of Hardy
          1758.   D. B. 10, P. 53.   Councill.

15.

Davidson, William of Surry County & ---- Clark, dau. of
    1721. G. B. 2, P. 124. D. B. 5, P. 397. John Clark

Davis, Benjamin & Mary Murrey, dau. of Thomas Murrey.
    1740. W. B. 4, P. 315. D. B. II, P. 62.

Davis, Daniel & Elizabeth Allen, dau. of Henry Allen.
    1716. G. B. P. 39.

Davis, Edward & Martha Bradshaw, dau. of George Bradshaw.
  #   1737. W. B. 5, P. 7.

Davis, Francis & Sarah Mann, dau. of Thomas Mann.
    1694. D. B. I, P. 120.

Davis, James & Mary Hadley, dau. of Ambrose Hadley.
    1778. W. B. 8, P. 526.

Davis, John & Mrs. Mary Bruce, R. of John Bruce.
    1668. W. & D. B. 2, (Rev.), P. 13.

Davis, John & Mary Green, dau. of Thomas Green.
    1683. W. & D. B. 2, P. 252 & 581.

Davis, John & Mrs. Elizabeth Lucks, R. of George Lucks.
    1694. D. B. I, (Rev.) P. 33.

Davis, John & Mary Goodrich, dau. of John Goodrich.
    1746. D. B. 10. P. 248.

Davis, Sampson & ---- Edwards, dau. of Thomas Edwards.
    1773. O. B. 1772-80, P. 129.

Davis, Samuel & Amy Applewhaite, dau. of Henry Applewhaite.
    1738. W. B. 4, P. 251 & 329.

Davis, Samuel & Mary Mallory, dau. of John Mallory.
    1788. W. B. 10, P. 128 & 129.

Davis, Thomas & Mrs. Ann Mathews, R. of Anthony Mathews.
    1693. D. B. I, P. 8. (Rev.) W. & D. B. 2, P. 224.

Davis, Thomas & Hartwell Hodges, dau. of Benjamin Hodges.
    1752. D. B. 8, P. 455. W. B. 6, P. 47.

Davis, William & Martha Wheadon, dau. of James Wheadon.
    1760. O. B. 1759-63, P. 101.

Daw, (Dew) Thomas & ---- Nicholds, dau. of Thomas Nicholds.
    1680. W. & D. B. 2, P. 212.

Dawson, David & Ann Everett, dau. of Joseph Everett.
    1773. Southampton County W. B. 3, P. 34.

Dawson, John of N. C. & Mrs. Elizabeth Boddie, R. of John
    1738. D. B. 5, P. 223.   Boddie.

Day, James & Ann Allen, sister of Joseph Allen.
1742. W. B. 3, P. 15.

Day, James & Martha Smith, dau. of Arthur Smith.
1742. W. B. 4, P. 424 & 502.

Day, John & Betty Wentworth, dau. of Samuel Wentworth.
1767. D. B. 15, P. 140.

Day, Thomas & Mary Davis, dau. of John Davis.
1754. D. B. 9, P. 272. D. B. 14, (Rev.), P. 143.

Day, Thomas & Elizabeth Brown, dau. of John Brown. (widow
1765. Southampton County W. B. 2, P. 188. Fowler)

Day, Thomas & ---- Tynes, dau. of Robert Tynes.
1776. W. B. 10, P. 304. O. B. 1772-80, P. 358.

Deans, John of Nansemond County & Elizabeth Moore, dau. of
1785. D. B. 15, P. 649. Isaac Moore.

Deberry, Peter & Mary Brantley, dau. of Edward Brantley.
1712. G. B. P. 74. W. & D. B. 2, P. 554. D. B. 9, P. 270.

Deford, William & Elizabeth Calcote, dau. of Harwood Calcote.
1802. O. B. 1801-3, P. 368.

Degge, Anthony & Mrs. Betty Day, R. of John Day.
1782. D. B. 15, P. 139.

Deloach, Michael & Mourning Powell, dau. of John Powell.
1760. W. B. 7, P. 140 & 141. D. B. 13, P. 495.

Deloach, Thomas & ---- Sykes, sister of Thomas Sykes.
1802. O. B. 1801-3, P. 152.

Denson, John & Mary Bridelle, dau. of Francis Bridelle.
1712. W. & D. B. 2, P. 541.

Derring, John & Jane Fulgham, dau. of Charles Fulgham.
1812. O. B. 1810-13, P. 280.

Derring, Nicholas & Ann Sampson, dau. of James Sampson.
1727. W. B. #, P. 71.

Derring, William & Elizabeth Wilson, dau. of George Wilson.
1792. W. B. 6, P. 379. W. B. 10, P. 226. W. B. 11 P. 21.

Desloges, Michael & Jane Griffeth, dau. of Rowland Griffeth.
1671. W. & D. B. 1, P. 238.

Dewey, George, & Mary Harwood. Anthony Fulgham, guardian.
1666. W. & D. B. 1, P. 69.

Dickinson, Christopher & Mrs. Mary Gross, R. of Jonathan
1770. D. B. 12, P. 366. W. B. 9, P. 78. Gross.

Dickinson, Jacob & Mary Goodwin, dau. of Samuel Goodwin
    1755.   W. B. 6, P. 247.   (Godwin).

Dickinson, Joel & Mary Turner, dau. of Joseph Turner.
    1774.   Southampton County W. B. 3, P. 87.

Dixon, Nicholas of N. C. & Rachel Beale, dau. of Benjamin
    1744.   W. B. 4, P. 511.   D. B. 8, P. 451.   Beale.

Dixon, Thomas Jr. & Elizabeth Murphry, dau. of Michael
    1735.   W. B. 4, P. 95.   W. B. 5, P. 61.   Murphry.

Dobbs, Josiah & Martha Bennett, dau. of John Bennett.
    1774.   D. B. 14, P. 153.   O. B. 1772-80, P. 273.

Dodman, John & Elizabeth Death, dau. of Richard Death.
    1647.   Bk. A. P. 17.

Drake, John & Mary Brown, dau. of Dr. Samuel Brown.
    1759.   W. B. 4, P. 274.

Drake, Thomas & ---- Griffin, dau. of Owen Griffin.
 # 1727.   W. & D. B. 2, P. 397.   W. B. 3, P. 299.

Drew, Dolphin & Peggy Jordan, dau. of Richard Jordan.
    1801.   O. B. 1801-3, P. 131.

Driver, Charles & Prudence Pitt, dau. of John Pitt.
    1698.   D. B. 1, P. 261.   W. & D. B. 2, P. 454.

Driver, Charles & Ann Whitfield, dau. of Mrs. Elizabeth
    1745.   D. B. 7, P. 288.   Whitfield.

Driver, Edward & Sarah Bragg, dau. of James Bragg.
    1727.   W. B. 3, P. 82.   W. B. 4, P. 111.

Driver, Giles & Olive Hardy, dau. of John Hardy.
    1675.   W. & D. B. 2, P. 146.

Driver, Giles & Prudence Richards, dau. of Robert Richards.
    1724.   G. B. 2, P. 199.   W. B. 3, P. 377.

Driver, John & Mrs. Violet Wright, R. of George Wright.
    1702.   W. & D. B. 2, P. 433 & 471.

Driver, John & Sarah Harrison, dau. of William Harrison.
    1762.   W. B. 7, P. 200.   O. B. 1759-63, P. 393.

Driver, John & ---- Godwin, sister of James Godwin.
    1778.   W. B. 8, P. 510.

Druett, John & Mrs. Margaret Williamson, R. of Richard
    1654.   Bk. A. P. 85.   Williamson.

Duck, Joseph & Christian Johnson, dau. of Robert Johnson.
    1787.   W. B. 10, P. 89.   W. B. 11, P. 28.

Duck, William & Eleanor Carr, dau. of John Carr.
        1734.   W. B. 4, P. 21.   W. B. 7, P. 228.

Dunkley, John & Catherine Joyner, dau. of Thomas Joyner.
        1740.   W. B. 4, P. 267.

Dunston, Thomas & Sarah Saunders, dau. of Mrs. Elizabeth S
        1783.   W. B. 10, P. 85 & 302.   Saunders.

Dupra, John & Lucy Little, dau. of Robert Little.
        1736.   W. B. 4, P. 136.

Durham, Charles & Mrs. ---- Williams, R. of John Williams.
        1693.   D. B. 1, (Rev.) P. 6.   W. & D B. 2, P. 267.

Edmunds, Howell & Kerenhappuck Whitfield, dau. of Thomas
        1781.   W. B. 9, P. 79.   Whitfield.

Edmunds, Solomon & ---- English, dau. of Mrs. Mary English.
        1774.   W. B. 8, P. 475.

Edwards, Benjamin & Elizabeth Delk, sister of Shelton Delk.
        1761.   O. B. 1759-63, P. 63 & 449.   W. B. 6, P. 72.

Edwards, John & ---- Jackson, dau. of John Jackson Sr.
        1762.   W. B. 7, P. 181.

Edwards, Jordan & Fanny Harris, sister of John Harris.
        1802.   O. B. 1801-3, P. 152.

Edwards, Levy & Charlotte Norseworthy, dau. of Michael
        1810.   O. B. 1810-13, P. 6.   Norseworthy.

Edwards, Michael & Mrs. Lucy Womble, R. of John Womble.
        1811.   O. B. 1810-13, P. 113.

Edwards, Robert & Mary Huntt, dau. of William Huntt.
        1672.   W. & D. B. 2, P. 110.

Edwards, Thomas & Mrs. Elizabeth Pyland, R. of James Pyland.
        1674.   W. & D. B. 1, P. 328.

Edwards, William & Priscilla Williams, dau. of Arthur Williams.
        1761.   Southampton County W. B. 1, P. 368.

Eldridge, Samuel & ---- Hooks, sister of William Hooks,
     # 1709.   W. & D. B. 2, P. 500.

Eley, Benjamin & Milly Barkley, dau. of John Barkley of
        1796.   W. B. 10, P. 394.   Nansemond Co.

Eley, Eley & Ann Lawrence, sister of Jeremiah Lawrence.
        1750.   W. B. 5, P. 249.   W. B. 6, P. 246.

Eley, John Jr. & Ann Godwin, dau. of John Godwin.
1761. W. B. 7, P. 97.

Eley, Mills & Caty Lankford, dau. of Stephen Lankford.
1785. W. B. 10, P. 57.

Eley, Robert of Nansemond County & Mary Doughtie, dau of
1706. D. B. 2, P. 56. John Doughtie.

Eley, Robert Sr. & Alice Gale, dau. of Thomas Gale.
1732. W. B. 3, P. 331. W. B. 5, P. 276.

Eley, William & Elizabeth Denson, dau. of William Denson.
1750. W. B. 5, P. 274.

Elsberry, Jesse & Sarah Jones, dau. of Thomas Jones.
1778. D. B. 14, P. 10.

English, Jesse & Mary Watkins, dau. of John Watkins.
1804. W. B. 12, P. 162.

English, John & Rebecca Young, dau. of Bennett Young.
1812. O. B. 1810-13, P. 254.

English, Thomas & ---- Watkins, dau. of John Watkins.
1694. D. B. 1, P. 183.

Evans, William & Katherine Flake, dau. of Robert Flake.
1689. W. & D. B. 2, P. 294. D. B. 1, P. 38.

Everett, Lemuel & Patsey Smelley, dau. of William Smelley.
1805. O. B. 1803-6, P. 313.

Exum, Arthur & Mary Simmons, dau. of Stephen Simmons.
1769. Southampton County O. B. 5, P. 199.

Exum, James & Ann Thomas, dau. of Henry Thomas.
1772. Southampton County W. B. 2, P. 460.

Exum, Joseph & Mrs. Elizabeth Jones, R. of Joseph Jones.
1734. W. B. 4, P. 72. Southampton Co. D. B. 2, P. 173.

Exum, Robert & Patience Williamson, dau. of George
1723. D. B. 5, P. 206. Williamson.

Exum, William & Patience Pursell, dau. of Arthur Pursell.
1745. W. B. 5, P. 3. Southampton Co. W. B. 1, P. 210.

Fawdon, George & Ann Smith. Marriage Contract.
1654. Bk. A. P. 91.

Fearn, George & Catherine, neice of William Dew of King &
1779. D. B. 14, P. 30. Queen County.

Feneryear, John & Ann Izard, dau. of Richard Izard.
1669. W. & D. B. 2, P. 64.

Fenn, Timothy & Elizabeth Kae, dau. of Robert Kae, Sr.
1688. W. & D. B. 2, P. 289.

Fiveash, John & Kae Fenn, dau. of Timothy Fenn.
1709. W. & D. B. 2, P. 509.

Fiveash, Peter & Martha Wheadon.
\# 1752. W. B. 6, P. 19 & 184.

Fiveash, Thomas & Alice Harris, dau. of John Harris.
1712. W. & D. B. 2, P. 559. G. B. 2, P. 194.
D. B. 7, P. 288.

Fletcher, James & Mrs. Elizabeth Johnson, R. of Allen Johnson.
1810. O. B. 1810-13, P. 45.

Ford, Joseph & Mary Lewis, dau. of Daniel Lewis.
1709. W. & D. B. 2, P. 497 & 514.

Frizzell, John & Susannah Portis, dau. of John Portis.
1693. D. B. I, P. 8 & 65.

Frizzell, Ralph & Sally Norseworthy, dau. of Tristram Norseworthy.
1784. W. B. 9, P. 226 & 281.

Frost, John & Elizabeth Dowty, dau. of Hezekiah Dowty.
1803. O. B. 1801-3, P. 438.

Fulgham, Anthony & Rebecca Johnson, dau. of Mrs. Rebecca Johnson.
\# 1763. W. B. 8, P.I. W. B. 9, P. 42.

Fulgham, Charles Jr. & Mrs. Ann Wilkinson, R. of William Wilkinson.
1742. W. B. 4, P. 385 & 452. D. B. II, P. 233.

Fulgham, Charles & Jane Tynes, dau. of Robert Tynes.
1790. W. B. 10, P. 304.

Fulgham, John & Mary Pursell, dau. of Arthur Pursell.
1745. W. B. 5, P. 3 & 425.

Fulgham, John & Mrs. Mary Montgomery, R. of Robert Montgomery.
1761. W. B. 7, P. 76. O. B. 1764-68, P. 183.

Fulgham, John & Polly Fulgham, dau. of Joseph Fulgham.
1782. D. B. 15, P. 44.

Fulgham, Michael & Mrs. Ann Feneryear, R. of John Feneryear.
1670. D. B. 9, P. 218. W. & D. B. 2, P. 64 & 307

Fulgham, Michael & Patience Pitt, dau. of Henry Pitt.
1747. W. B. 5, P. 135. O. B. 1746-52, P. 81.

Fulgham, Nicholas & Isabella Harris, dau. of John Harris.
1736. D. B. 8, P. 347. W. & D. B. 2, P. 559.
W. B. 4, P. 142

Fulgham, Nicholas & Mrs. Sarah Bridger, R. of Joseph Bridger
1760. O. B. 1759-63, P. 177. D. B. 10, P. 38.

Gale, Jethro & Elizabeth Garnes, dau. of John Garnes
1761. W. B. 7, P. 184.

Gale, Thomas & ---- Marshall, dau. of John Marshall.
1760. W. B. 6, P. 530. W. B. 7, P. 433.

Gale, Thomas & Frances Chapman, dau. of Charles Chapman.
1766. W. B. 8, P. 469. D. B. 12, P. III.

Gale, Thomas Whitney & Mary Thomas, Dau. of Richard Thomas.
1754. D. B. 9, P. 304.

Garland, John & ---- Innes, dau. of James Innes.
1735. D. B. 4, P. 426. W. B. 3, P. 30.

Garland, Peter & Joan Wilson, sister of William Wilson.
1655. Bk. A, P. 81.

Gaskins, Thomas & Amelia Powell, dau. of George Powell.
1801. O. B. 1801-3, P. 79.

Garton, William & Catherine Rand, dau. of William Rand Sr.
1774. O. B. 1772-80, P. 288.

Gay, Joshua & Sarah Babb, dau. of Mrs. Mary Babb.
1754. W. B. 6, P. 273.

George, William & Sarah Thropp, sister of John Thropp.
1721. G. B. 2, P. 108.

Geruise, Thomas & Mrs. Mary Parmento. Marriage Contract.
1679. W. & D. B. 2, P. 213.

Gibbs, Gabriel & Mrs. Elizabeth Wills, R. of Mathew Wills.
1811. O. B. 1810-13, P. 148.

Gibbs, John & Polly Driver, dau. of Robert Driver.
1801. O. B. 1801-3, P. 140.

Gibbs, William & Mrs. Lois Wills, R. of Miles Wills.
1801. O. B. 1801-3, P. 14.

Giles, Hugh & Mrs. Lydia Summerell, R. of John Summerell.
1765. W. B. 7, P. 423. W. B. 5, P. 28. O. B. 1768-69, P. 5.

Giles, John & Philaretus Woodward, dau. of Thomas Woodward.
1681. W. & D. B. 2, P. 226.

Giles, Thomas & Mrs. Eleanor Smelley, R. of William Smelley
1715. W. & D. B. 2, P. 316 & 577.

Giles, Thomas & ---- Darden, dau. of Jacob Darden.
1717. W. & D. B. 2, P. 654.

Gladhill, Reuben & Mrs. Mary Johnson, R. of Dr. John Johnson.
1712. W. & D. B. 2, P. 543 & 591.

Glover, John & Mary Person, sister of Samuel Person.
        1753. W. B. 6, P. 123.

Goad, Henry & Mrs. ---- Kanedy, R. of Morgan Kanedy.
        1676. W. & D. B. 2, P. 142.

Godwin, Brewer & ---- Fulgham, sister of Charles Fulgham.
        1770. D. B. 12, P. 341.

Godwin, Edmund & Ann Applewhaite, dau. of Henry Applewhaite.
        1741. W. B. 4, P. 329. O. B. 1746-52, P. 60.

Godwin, James & Sarah Kinchin, dau. of William Kinchin.
        1734. W. B. 4, P. 72 & 113.

Godwin, James & Martha Godwin, dau. of Thomas Godwin.
        1749. D. B. 8, P. 308.

Godwin, Jonathan & Catherine Hawkins, dau. of Samuel Hawkins.
        1801. O. B. 1801-3, P. 122.

Godwin, Lemuel & Mrs. Mary Richards, R. of Robert Richards.
        1751. W. B. 5, P. 357. D. B. 14, (Rev.) P. 176.

Godwin, Mathew of Nansemond Co. & Charlotte Durley, dau of Mrs. Mary Durley.
1759. W. B. 10, P. 49. D. B. 11, P. 48.

Godwin, Robert & Jane Lynth, dau. of Francis Lynth.
        1664. W. & D. B. 1, P. 28.

Godwin, Thomas & Elizabeth, grand-daughter of Richard Wilkinson.
        1741. W. B. 4, P. 418.

Godwin, Thomas & Mary Moscrop, dau. of Thomas Moscrop.
        1745. W. B. 5, P. 14. O. B. 1746-52, P. 310.

Godwin, William & Elizabeth Wright, dau. of Thomas Wright.
        1666. W. & D. B. 1, P. 79.

Godwin, William & Ann Pitt, dau. of John Pitt.
1729. W. B. 4, P. 43.

Godwin, William & Martha Bunkley, dau. of Joshua Bunkley.
        1801. O. B. 1801-3, P. 145.

Goldham, Henry & Mrs. Mary Bechinoe, R. of Edward Bechinoe.
        1706. D. B. 2, P. 51.

Goldham, Thomas & Mrs. Elizabeth Daniels, R. of John Daniels.
        1679. W. & D. B. 2, (Rev.), P. 49.

Goldsborough, Nicholas of Talbott Co. Maryland & Ann Powell, dau. of Thomas Powell.
        1695. D. B. 1, P. 195.

Goodrich, Edward & Juliana Davis, dau. of John Davis.
        1754. D. B. 9, P. 272. W. B. 6, P. 508.

Goodrich, John & Margaret Bridger, dau. of Joseph Bridger.
    1751. W. B. 5, P. 373.

Goodson, Edward & Mary Thomas dau. of Phillip Thomas.
    1702. W. & D. B. 2, P. 456.

Goodson, Edward & Mary Mandew, dau. of Thomas Mandew of
\#   1737. D. B. 5, P. 152.   Bartie Co. N. C.

Goodson, George & Sarah Mandew, dau. of Thomas Mandew of
\#   1737. D. B. 5, P. 152.   Bartie Co. N. C.

Goodson, John & Martha Fulgham, dau. of Charles Fulgham.
    1812. O. B. 1810-13, P. 280.

Grantham, Edward & Mrs. ---- Cocken, R. of William Cocken.
    1678. W. & D. B. 2, (Rev.), P. 45.

Gray, Henry & Sarah Harding, dau. of Mrs. Sarah Harding.
    1747. W. B. 5, P. 261.

Gray, Josiah & Martha Wills, dau. of Miles Wills.
    1796. W. B. 11, P. 135.

Green, George & Ann Exum, dau. of Jeremiah Exum.
    1705. W. & D. B. 2, P. 475.

Green, Peter & Patience Richards, dau. of Robert Richards.
    1733. W. B. 3, P. 377.

Green, Thomas & Mary Moon, dau. of Thomas Moon.
    1694. D. B. 1, P. 154

Green, Thomas & Mary Selloway, dau. of John Selloway.
    1745. D. B. 7, P. 224.

Green, William & Mary West, dau. of William West.
    1708. W. & D. B. 2, P. 490. W. B. 3, P. 182.

Green, William & ---- Waile, dau. of Nicholas Waile.
    1798. W. B. 11, P. 122. O. B. 1801- 3, P. 359.

Griffin, Edward & Mary Mumford, neice of Thomas Mumford.
    1698. D. B. 1, P. 271.

Griffin, Mathew & Katherine Jones, dau. of Thomas Jones Sr.
    1748. W. B. 5, P. 238. Southampton County W. B. 1, P. 41.

Griffin, Michael & Lucy Jones, dau. of Brittain Jones
    1776. D. B. 13, P. 389.

Griffin, Shadrach & ---- Nelms, dau. of John Nelms.
    1785. W. B. 10, P. 6.

Griffin, Thomas & Anne Wright, dau. of Thomas Wright.
    1666. W. & D. B. 1, P. 85.

Griffeth, (Griffin) Owen & Mrs. Mary Edwards, R. of Robert
    1694. D. B. I, (Rev.), P. 57.   Edwards.
    W. & D. B. 2, P. 397.

Gross, Francis & Mrs. Mary Bevan, R. of Thomas Bevan.
    1744. D. B. 7, P. 24.

Gross, Jonathan & Mary Norseworthy, dau. of Joseph Norse-
    1757. W. B. 6, P. 315. O. B. 1759-63,   worthy
        P. 330 & 504.

Gross, Richard & Jane Wilson, dau. of John Wilson.
    1669. W. & D. B. I, P. 209.

Grove, George & Mrs. Mary Bechinoe, R. of George Bechinoe.
    1687. W. & D. B. 2, P. 275 & 321.

Grove, William & Mrs. Eleanor Carter, R. of Thomas Carter.
    1673. W. & D. B. 2, P. 120 & 172.   W. & D. B. I,
        P. 317

Gwaltney, Joseph & Ann Simmons, dau. of James Simmons.
    1762. O. B. 1759-63, P. 380.

Gwaltney, William & Elizabeth Wombwell, dau. of Thomas
    1784. W. B. 9, P. 294.   Wombwell.

Gwilliam, Hincha & ---- West, sister of Francis West.
    1715. W. & D. B. 2, P. 631.

Hadley, Ambrose & Martha Crocker, dau. of Edward Crocker.
    1751. W. B. 5, P. 442.   W. B. 8, P. 526.

Haile, John & Hannah Morris, dau. of John Morris.
    1772. W. B. 8, P. 197.

Haile, William & Tabitha Thomas, dau. of Richard Thomas.
    1761. W. B. 7, P. 132 & 188.

Hall, Isaac & Mary Norseworthy, dau. of Tristram Norse-
    1784. W. B. 9, P. 226.   worthy.

Hall, John & Christain Poole, dau. of Thomas Poole.
    1681. W. & D. B. 2, P. 228.

Hall, Thomas & Elizabeth Pitt, dau. of Joseph Pitt.
    1769. O. B. 1768-69, P. 98.

Hampton, John & Ann Nevelle, dau. of Roger Nevelle.
  #   1718. G. B. P. 190.

Hampton, Thomas & Elizabeth Bridle, dau. of Francis Bridle.
    1689. D. B. I, P. 23.

Hanson, Charles & Mrs. Sophia Rand, R. of William Rand.
    1778. O. B. 1772-80, P. 439.

Hardiman, Thomas & Mrs. Lucretia Tomlin, R. of Joseph
    1757. D.B. 14, (Rev.), P. 180.   Tomlin.

Hardy, George & Mary Jackson, Dau. of Richard Jackson.
    1666. W. & D. B. 1, P. 76.

Hardy, Richard & Mary Chambers, dau. of William Chambers.
    1742. D. B. 6. 105

Hardy, Thomas & Martha Atkinson, dau. of William Atkinson.
    1804. O. B. 1803-6 P. 109

Harebottle, Thomas & Mrs. Rebecca Goodrich r. of John
    1704. W. & D. B. 2, p. 389.& 467.   Goodrich Sr.

Hargrave, Jesse & ----Person, sister of Samuel Person.
    1753   W. B. 6, P. 123.

Harris, Edward & Mary Thorpe, dau. of Timmothy Thorpe.
1739 W. B. 4. P1293. Southampton co. W. B. 1. p.37

Harris, John & Margaret Hobbs, sister of Francis Hobbs.
    1787. W. & D. B. 2, P. 280

Harris, John & Mary Drew, dau. of Edward Drew.
    1745. Southampton County W. B. 1, p. 8.

Harris, Lewis & Sarah Thorpe, dau. of John Thorpe.
    1771. Southampton County W. B. 2, P. 457

Harris Lewis, & Mary Powell
    1804. O. B. 1803-6, P. 46.

Harris, Thomas & ----Edwards, dau of Robert Edwards.
    1758. D. B. 10, p. 51.

Harris Thomas & Sarah Lane, dau. of Richard Lane.
- 1760. Southampton County D. B. 3, p. 6.

Harrison, Henry & ----Norwood, sister of William Norwood.
    1735. W. B. 4, p. 103.

Harrison, John & Milboran Bressie, sister of William
    1699 W. & d.b. 2, p. 431. EB 2, p. 151   Bressie

Harrison, John & Ann Noyall, dau of William Noyall.
1746. W. B. 5, P. 41 & 189

Harrison, John & Elizabeth Hill, dau. of Francis Hill.
    1788. W. B. 10, p. 210

Harrison, William & Mary Hodges, dau. of Ellis Hodges.
    1755. D. B. 9, p. 344.

Hart, Arthur of N.C. & Martha Warren, dau of Thomas
    1750. Southampton Co. DB 1 P. 81   Warren

Hart, Hardy. of N.C. & Jane Warren, dau. of Thomas Warren.
    1750. Southampton Co. D. B. 1 p. 81.

Harvey, John & Dorothy Took, dau of James Took.
    1659. W. & D. B. I, P. 590

Harvey, John & Mrs. Prudence Wills, R. of John Wills Jr.
    1774. O. B. 1772-80, P. 512 W. B. 9, p. 15

Hatchell, William & Christian Morris, dau. of John Morris.
    # 1760. W. B. 8 P. 197. D.B. 10 P. 239

Hatton, Lewis of Norfolk Co. & Elizabeth Goodrich, dau of
    1774. D.B. 13, p. 210   Edward Goodrich

Hawkins, Thomas & Mary Macone, Dau. of Neal Macone
    1680. W. & D. B. 2, P. 214 & 346.

Hayes, Thomas & Elizabeth Flake, dau. of Robert Flake.
    1697. D. B. 5, P. 140. G. B. P. 511

Haynes, William & Catherine Baker, dau. of Lawrence Baker.
    1766. W. B. 7, P. 10 & 452. W. B. II, P. 723

Haywood, William & Sarah Thomas.
    1756. D. B. 9, P. 416

Heath, Robert & Rosey Dowty, dau. of Hezekiah Dowty,
    1803 O. B. 1801-3, P. 438.

Herbert, John Markham of Norfolk co. & Jane Summerell, dau.
    1765. O.B. 1764-68 P. 224.   Of John Summerell
    W. B. 5, P. 28

Hill, Henry of N.C. & Mary Hill, dau. of Joseph Hill
    1764. D. B. II P. 118.

Hill, Nicholas & Silvestra Bennett, dau. of Edward Bennett.
    1675. W. & D. B.2, P. 133.

Hill Thomas & Mary Marshall, dau. of Humphry Marshall.
    #- 1711. W. & D. B. 2, P. 533.

Hobbs. Francis Sr. & Mrs. Mary Floyd, R. of Nathan Floyd.
    1674. W. & D. B. 1, P. 323.

Hodges, Benjamin & Mrs. ----Harrison, R. of John Harrison
    1732. W. B. 3, P. 318.

Hodges, John Jr. & Comfort Cary, dau of Mrs. Patience Cary
    1766. D. B. 12, P. 65

Haynes, William & Juliana Brewer, dau of Thomas Brewer
    1761. Southampton County D. B. 3, P. 94

Hill, Joseph & Lucy Miller, dau. of Mrs. Lucy Miller.
    1778. W. B. 9 P. 118

Hodges, John & Mrs. Mary Miller, R. of John Miller.
    1779. O. B. 1772-80, P. 466. D. B. 15, P. 361.

Hodges, Robert & Ann Branch, dau. of George Branch.
    1725. G. B. P. 721.

Hodsden, William & Olive Smith, dau. of Arthur Smith.
    1742. W. B. 4, P. 424. W. B. 6, P. 419.

Hodsden, William & Sarah Bridger, dau. of Joseph Bridger.
    1797. W. B. 11, P. 19. D. B. 18, P. 157.

Hole, John & Mary Smith, dau. of Arthur Smith.
    1688. W. & D. B. 2, P. 288 & 377.

Holland, Job & Mary Daughtry, dau. of John Daughtry Sr.
    1783. W. B. 9, P. 247. W. B. 10, P. 172.

Holliday, Anthony & Mrs. Ann Brewer, R. of John Brewer.
    1671. W. & D. B. 2, P. 100. D. B. 1, P. 16.

Holliday, Anthony & Easter Wilkinson, dau. of Richard
    1741. W. B. 4, P. 418.   Wilkinson.

Holliday, Joseph & Polly W. Gale, dau. of Thomas Gale.
    1809. D. B. 21, P. 73.

Holliday, Josiah & ---- Smith, dau. of Joseph Smith.
    1782. O. B. 1780-83, P. 57.

Holliman, Arthur & Caty Britt, dau. of Edward Britt Sr.
    1789. Southampton County W. B. 4, P. 372.

Holliman, Arthur & Sally Applewhaite.
    1812. O. B. 1810-13, P. 246.

Holliman, Jesse & Charity Cofer, dau. of Thomas Cofer.
  # 1783. W. B. 9, P. 213.

Hollowell, Joseph & ---- Williams, dau. of John Williams.
    1754. W. B. 6, P. 131.

Hollowell, William & Sarah Scott, dau. of Thomas Scott.
    164. O. B. 1764-68, P. 71. W. B. 9, P. 104.

Holt, Thomas & Ann Jones, dau. of Mathew Jones.
    1744. D. B. 6, P. 500.

Hooks, Robert & Mrs. Mary Powell, R. of Stephen Powell.
    1693. G. B. P. 560. D. B. 1, P. 66.

Horsefield, Stephen & Rebecca Thornton, dau. of Mrs. Kath.
    1673. W. & D. B. 1, P. 216. W. & D. B. Thornton.
                                              2, P. 271.
Houghlow, William & Mary Parker, dau. of Thomas Parker.
    1788. W. B. 10, P. 111. W. B. 11, P. 309.

House, Joshua & Elizabeth Everett, dau. of Joseph Everett.
    1756.   W. B. 6, P. 290.

House, Robert Jr. & Martha Spiltimber, dau. of Anthony
    1704.   D. B. I, P. 419.   Spiltimber.

Howard, John & Mrs. Jane Davis, R. of John Davis.
    1764.   O. B. 1764-68, P. 109. W. B. 7, P. 145

Howell, John & Elizabeth Surbey, dau. of John Surbey.
    1731.   D. B. 4, P. 154.

Howell, Mathew & Mary Lane, dau. of Joseph Lane.
    1719.   G. B. 2, P. 26.

Hughes, John of Norfolk Co. & Philarita Giles, dau. of Hugh
    1773.   D. B. 13, P. 35.   Giles

Hunt, Godfrey of Nansemond Co. & Margaret Godwin, dau. of
1719.   G. B. P. 250.   Edmund Godwin.

Hutchin, Francis Jr. & Elizabeth Cobb, Guardian Pharoah
    1679.   W. & D. B. 2, P. 192.   Cobb.

Hutchins, Francis & Sarah Powell, dau. of John Powell.
    1730.   W. B. 3, P. 257.   D. B. 5, P. 303.

Hutchins, Richard of Nansemond Co. & Elizabeth Cobb, dau. of
    1693.   D. B. I, P. 85.   Joseph Cobb Jr.

Ingles, Thomas & Elianor Watkins, dau. of John Watkins.
1688.   D. B. I, P. 15.

Ingram, William & Sarah Atkinson, dau. of James Atkinson.
    1737.   W. B. 4, P. 241. Southampton Co. W. B.
                                              I, P. 243
Inman, John & Sarah Dawson, dau. of Martin Dawson.
    1745.   W. B. 5, P. 51 & 73.

Jackson, Richard & ---- Bennett, dau. of Mrs. Alice Bennett.
    1647.   Bk. A, P. 4.   W. & D. B. I, P. 69.

James, John & Patience Booth, dau. of Shelly Booth.
    1771.   Southampton Co. W. B. 2, P. 435.

Jarrell, Thomas & Martha Kinchin, dau. of William Kinchin.
    1734.   W. B. 4, P. 72 & 113.

Jarrett, Charles & Mrs. Mary Hardy, R. of Thomas Hardy.
    1717.   W. & D. B. 2, P. 622 & 625.

Jenkins, Valentine & Mrs. Sally Chapman, R. of Hardy Chap-
    1812.   O. B. 1810-13, P. 238.   man.

Jennings, John & Martha Harris, dau. of Robert Harris.
    1668.   W. & D. B. I, P. 128.

Jennings, John & Mrs. Mary Seward, R. of William Seward.
    1678.   W. & D. B. 2, P. 173.

Jennings, John & Mary Hill, dau. of Nicholas Hill.
    1695.   D. B. I, P. 202.   D. B. 2, P. 148.

Johnson, Abraham & Ann Jones, dau. of Thomas Jones Sr.
    1748.   W. B. 5, P. 238.

Johnson, Benjamin & Prudence Driver, dau. of Giles Driver.
    1751.   D. B. 8, P. 418.

Johnson, Benjamin & ---- Nelms, dau. of John Nelms.
    1785.   W. B. 10, P. 6.

Johnson, James & Mary Johnson, dau. of Robert Johnson.
    1692.   D. B. I, P. 49.

Johnson, James & Mrs. Sarah Haines, R. of Edward Haines.
    1759.   D. B. 10, P. 132.

Johnson, Jesse & Mary Atkinson, dau. of Samuel Atkinson.
    1785.   Southampton Co. W. B. 4, P. 115.

Johnson, John & Mrs. Mary Day, R. of James Day.
    1703.   W. & D. B. 2, P. 484 & 543.

Johnson, Robert & Martha Jones, dau. of Thomas Jones Sr.
    1737.   D. B. 5, P. 172.   W. B. 5, P. 238.

Johnson, Samuel & Mary Driver, dau. of Giles Driver.
    1751.   D. B. 8, P. 418.

Johnson, William & ---- Griffeth, dau. of Owen Griffeth.
    1698.   W. & D. B. 2, P. 397.

Johnston, James & Elizabeth Smith, dau. of Thomas Smith.
    1799.   W. B. 11, P. 211.

Johnston, Dr. Robert & Mary Ponsonby, dau. of William
    1762.   W. B. 7, P. 66.   D. B. 11,   Ponsonby.
                                          P. 61.

Jones, Arthur & Susannah King, dau. of Henry King.
    1679.   W. & D. B. 2, P. 192 & 565.

Jones, David & Celia Casey, dau. of Nicholas Casey.
    1764.   W. B. 7, P. 244.   O. B. 1764-68, P. 302.

Jones, Edward & Deborah Exum, dau. of William Exum.
    1700.   W. & D. B. 2, P. 436.   W. B. 3, P. 210.

Jones, Elberton & Elizabeth Simmons, dau. of John Simmons.
    1746.   Southampton Co. W. B. I, P. 8.

Jones, Francis & Mary Ridley, dau. of Nathaniel Ridley.
1750. W. B. 5, P. 322.

Jones, James & Mrs. Elizabeth Wrench, R. of John Wrench.
1760. W. B. 7, P. 4.

Jones, John & Mrs. Elizabeth Wollard, R. of Henry Wollard.
1668. W. & D. B. 2, P. 69.

Jones, John & Elinor Dawson, dau. of Martin Dawson.
1745. W. B. 5, P. 51.

Jones, John & Ann Young, dau. of Bennett Young.
1812. O. B. 1810-13, P. 254.

Jones, Jonathan & Elizabeth Brown, dau. of Robert Brown.
1763. W. B. 7, P. 351.

Jones, Joseph & Elizabeth Kinchin, sister of William Kinchi
1726. W. B. 3, P. 43. W. B. 4, P. 113.

Jones, Joseph & Mrs. Amy Davis, R. of Samuel Davis.
1746. W. B. 5, P. 97 & 211.

Jones, Joseph & Martha Bridger, dau. of Joseph Bridger.
1751. W. B. 5, P. 373.

Jones, Lemuel & Katherine Lawrence, dau. of John Lawrence.
1776. W. B. 8, P. 151. O. B. 1772-80, P. 339.

Jones, Mathew & Mrs. Elizabeth Ridley, R. of Nathaniel
1723. G. B. 2, P. 151.   Ridley.

Jones, Mathew & ---- Williams, dau. of Mrs. Mary Williams.
1734. W. B. 4, P. 28.

Jones, Nathaniel & Mrs. Mary Hurst, R. of John Hurst.
1739. W. B. 3, P. 58. D. B. 5, P. 445.

Jones, Samuel & Patience Jordan, dau. of John Jordan.
 #   1781. W. B. 9, P. 74. D. B. 12, P. 474.

Jones, Thomas & Mrs. Patience Whitehead, R. of Arthur
1750. W. B. 5, P. 172 & 288.   Whitehead Jr.

Jones, William & Mrs. Mary Armour, R. of William Armour.
1694. D. B. 1, (Rev.), P. 52.

Jones, Willis & Celia Boyce, dau. of William Boyce.
1794. W. B. 10, P. 324.

Jordan, Arthur of N. C. & Elizabeth Turner, dau. of James
 #   1750. D. B. 8, P. 367.   Turner.

Jordan, Billingsley & ---- Goodwin, dau. of Samuel Goodwin.
1770. D. B. 12, P. 355.   (Godwin)

Jordan, George of N. C. & Patience Warren, dau. of Thomas
 1759. Southampton Co. D. B. 2, P. 331.   Warren.

Jordan, James & Patience Terrell, dau. of Blackaby Terrell.
 1726.   W. B. 3, P. 360.

Jordan, James & Patience Jordan, dau. of Richard Jordan.
 1746.   D. B. 9, P. 180.

Jordan, John & Martha Harding, dau. of Mrs. Sarah Harding.
 1747.   W. B. 5, P. 261.

Jordan, Joseph & Patience Ricks, dau. of Abraham Ricks.
 1746.   W. B. 5, P. 26 & 32.

Jordan, Joseph & Wilmouth Williamson, dau. of Burwell
 1792.   Southampton Co. W. B. 4, P. 531.   Williamson

Jordan, Joshua & Elizabeth Sanborne, dau. of Daniel
 1711.   W. & D. B. 2, P. 546.   Sanborne.

Jordan, Josiah & Mourning Ricks, dau. of Abraham Ricks.
 1746.   W. B. 5, P. 26 & 32.

Jordan, Mathew & Mrs. Susannah Dressie, R. of William
 1713.   D. B. 1, P. 347.   Dressie.

Jordan, Mathew & Susannah Bird, dau. of Robert Bird.
 1724.   G. B. P. 648.

Jordan, Mathew & Mary Bracey, dau. of Mrs. Elizabeth
 1751.   W. B. 5, P. 456.   Bracey.

Jordan, Pleasants & Elizabeth Fulgham, dau. of Charles
 1812.   O. B. 1810-13, P. 280.   Fulgham.

Jordan, Richard & Elizabeth Reynolds, dau. of Christopher
 1654.   Dk. A, P. 46. W. & D. B. 2, P. 62. Reynolds.

Jordan, Richard & Rebecca Ratcliff, dau. of Richard
 1713.   W. & D. B. 2, P. 638.   Ratcliff.

Jordan, Robert & Christian Taberer, dau. of Thomas Taberer.
 1695.   D. B. 1, P. 223.

Jordan, William & Mary Exum, sister of Francis Exum.
 1753.   Southampton Co. W. B. 1, P. 127. D. B. 14,
      (Rev.) P. 122.

Joyner, Joseph & Elizabeth Snelley, dau. of Lewis Snelley.
 1722.   G. B. P. 488.

Joyner, Theophilus & Henrietta Griffin, dau. of Andrew
 1724.   W. B. 4, P. 255. Southampton Co.   Griffin.
      W. B. 1, P. 139.

Joyner, Thomas & Margaret Morrison, dau. of William
 1802.   W. B. 11, P. 722.   Morrison.

Joyner, William & Mrs. Ann Eley, R. of Eley Eley.
1750. W. B. 5, P. 249. W. B. 6, P. 246.

Kae, Robert & Mrs. Anne Goodrich, R. of John Goodrich.
1697. D. B. 1, P. 246.

Keeble, Tobias & Mrs. ---- Lewis, R. of Arthur Lewis.
1671. W. & D. B. 2, P. 99.

Kinchen, William & Elizabeth Joyner, dau. of Thomas Joyner.
1735. W. B. 4, P. 73 & 113. W. & D. B. 2, P. 486.

King, Henry & Katherine Clarke, dau. of John Clarke of
1684. Surry Co. (Small) D. B. 2, Surry County. P. 13.

King, Henry & Martha Browne, dau. of Dr. Samuel Browne.
1740. W. B. 4, P. 274.

King, John & Mrs. Fanny Whitfield, R. of Samuel Whitfield.
1805. O. B. 1803-6, P. 417.

King, Thomas & ---- Tynes, dau. of Robert Tynes.
1790. W. B. 10, P. 304.

Kirle, William & Ellianor Murfrey, dau. of William Murfrey.
1710. D. B. 2, P. 162.

Kirle, William & Margaret Cobb, dau. of Robert Cobb.
1710. G. B. 2, P. 58.

Knott, James & Mary Holliday, dau. of Anthony Holliday.
1718. W. & D. B. 2, P. 644.

Lambeth, John & Mary Richardson, dau. of William Richardson
1764. O. B. 1764-68, P. 281 & 394.

Lane, Joseph of Sussex County & Elizabeth Gwaltney, dau. of
1780. D. B. 14, P. 138. William Gwaltney.

Lane, Timothy & ---- Shaw, dau. of Mrs. Elizabeth Shaw.
1752. W. B. 6, P. 28.

Lankford, Thomas & Mrs. Margaret Daughtry, R. of John
1773. D. B. 13, P. 123. Daughtry.

Larimore, Roger & Mrs. Ann Gadsbie, R. of Richard Gadsbie.
1678. W. & D. B. 2, P. 176.

Lawrence, John & Margaret Murfrey, dau. of William Murfrey.
1717. G. B. 2, P. 88. W. B. 5, P. 296.

Lawrence, John & Martha Ricks, dau. of Abraham Ricks.
1746. W. B. 5, P. 26 & 32.

Lawrence, John & ---- Tynes, dau. of Thomas Tynes.

Lawrence, Josiah & Mrs. Sally Frizzell, R. of Ralph
    1803.   O. B. 1801-3, P. 454.   Frizzell.

Lawrence, Robert & Mrs. ---- Gay, R. of Henry Gay.
    1689.   D. B. 1, P. 16.   G. B. 2, P. 59.

Lawrence, Robert & Sarah Exum, dau. of Jeremiah Exum.
    1719.   D. B. 2, P. 291..; W. B. 3, P. 19.

Lawrence, Robert & Anne Council, dau. of Hardy Council.
    1743.   W. B. 4, P. 522.

Lawrence, Robert & Sarah Eley, dau. of Robert Eley Sr.
    1795.   W. B. 10, P. 363.

Lawrence, William & Penelope Browne, dau. of Dr. Samuel
    1739.   W. B. 4, P. 274.   Browne.

Lawrence, William & Sarah Applewhaite, dau. of Mrs. Ann
    1746.   W. B. 5, P. 97.   W. B. 6, P.   Applewhaite
                                          269.

Lear, John & Mrs. Ann George, R. of John George.
    1681.   W. & D. B. 1, P. 460.

Lear, Thomas & Elizabeth Bridger, dau. of Joseph Bridger.
    1686.   W. & D. B. 2, P. 255.

Lee, John & Elizabeth Murrey, dau. of Thomas Murrey.
    1740.   W. B. 4, P. 315.

Lester, Andrew & Mrs. Sarah Council, R. of Lemuel Council.
    1802.   O. B. 1801-3, P. 331.

Lewis, Figuers & Patsey Driver, dau. of Mrs. Prudence
    1861.   O. B. 1801-3, P. 140.   Driver.

Lewis, John & Mrs. Ann Macone, R. of Neale Macone.
    1690.   W. & D. B. 2, P. 214 & 304.

Lewis, Morgan & Sarah George, dau. of John George.
    1678.   W. & D. B. 2, P. 148 & 170.

Lewis, Thomas & Rebecca George, dau. of John George.
    1678.   W. & D. B. 2, P. 88 & 156.

Lightfoot, Bartholomew & Sarah Godwin, Dau. of Lemuel
    1767.   D. B. 12, P. 167.   Godwin.

Lightfoot, Thomas & Mrs. Sarah Jordan, R. of Joshua Jordan
    1749.   O. B. 1746-52, P. 222.

Lile, Thomas & Mrs. Katherine Giles, R. of Hugh Giles.
    1761.   O. B. 1759-63, P. 206.

Littford, John & Mrs. ---- Bayley, R. of Peter Bayley.
    1668.   W. & D. B. 2, P. 56.

34.

Little, John & ------ Jackson, dau. of John Jackson Sr.
    1762.   W. B. 7, P. 131.

Little, William & Frances Little, dau. of Francis Little.
    1716.   G. B. 2, P. 9.

Long, Robert & Susannah Gross, dau. of Thomas Gross.
 # 1715.   W. & D. B. 2, P. 645 & 660.

Lovett, Thomas & Mary Howell, sister of Hopkins Howell.
    1708.   D. B. 2, P. 113.

Lowry, Mathew & Mrs. Joana Goodson Floyd, dau. of Edward
    1735.   G. B. 2, P. 127.   W. B. 4, P. 86 Goodson.
                                              & 203.

Lucks, John & Mrs. Sarah Jennings Ingram, sister of John
    1695.   W. & D. B. 2, P. 408.   G. B. 646. Jennings

Lucks, John & Martha Fulgham, dau. of Nicholas Fulgham.
    1710.   G. B. 2, P. 170.   W. & D. B. 2, P. 514.

Lucks, John & ------ Clark, dau. of John Clark.
    1759.   W. B. 6, P. 518. O. B. 1759-63, P. 148.

Luke, Paul & Mrs. Mary Llewellen, R. of Thomas Llewellen.
    1664.   W. & D. B. I, P. 26.

Lundy, Richard & Mary Smith, dau. of Thomas Smith.
 # 1740.   W. B. 4, P. 334.

Luter, John & Mary Beal, dau. of Benjamin Beale.
    1680.   D. B. I, P. 322.   D. B. 8, P. 353.

Lupo, James & Sarah Branch, dau. of George Branch of Surry
    1679.   D. B. I, P. 4.   W. & D. B. 2, P. 202 County.
                                              & 285.

Lupo, James & Ann Atkinson, dau. of Benjamin Atkinson.
    1786.   D. B. 15, P. 704.   W. B. 10, P. 347.

Lupo, Phillip & Mildred Carrell, dau. of William Carrell.
    1785.   W. B. 9, P. 298.   W. B. 10, P. 198.

Mackey, Adam & Mary Street, dau. of George Street.
    1756.   D. B. 9, P. 419.   W. B. 3, P. 334.

Mackey, William & Rebecca Marks, dau. of Thomas Marks.
    1771.   Southampton County W. B. 2, P. 466.

Mackinnie, Barnaby & Mrs. Mary Murfrey, R. of William Mur-
    1719.   G. B. 2, P. 19.   frey.

Macklemore, John & Elizabeth Spence, dau. of William Spence.
    1750.   Southampton County. D. B. I, P. 215 &
                                              236.

Macoddin, Phillip & Mrs. Mary Green. R. of Thomas Green.
    1693. D. B. I, (Rev.), P. 7.

Maddera, Zacharias & Priscilla Deberry, dau. of Peter
    1712. W. & D. B. 2, P. 554.   Deberry.

Maddery, James & Mary Wombwell, dau. of Thomas Wombwell.
    1784. W. D. 9, P. 294.

Maddery, Joseph & Margaret Wombwell, dau. of Thomas Womb-
    1784. W. B. 9, P. 294.   well.

Mallory, John & Mary Davis, dau. of John Davis.
    1754. D. B. 9, P. 272. D. B. 14, (Rev.), P. 143.

Marshall, Humphrey & Mrs. Ann Smith, R. of Nicholas Smith.
    1696. D. B. I, P. 214.

Marshall, James & Mary Hampton, dau. of Thomas Hampton.
\#   1747. W. & D. B. 2, P. 459. W. B. 5, P. 79.

Marshall, John & Ann Ricks, dau. of Abraham Ricks.
    1746. W. B. 5, P. 26 & 32.

Marshall, Robert & Mary Penny, dau. of Richard Penny.
    1693. W. & D. B. 2, P. 344.

Martin, Henry & Mrs. Mary Dixson, R. of Thomas Dixson.
    1670. W. & D. B. 2, P. 91.

Mason, Littleberry & Rebecca Blunt, dau. of William Blunt.
    1787. Southampton County, W. B. 4, P. 232.

Mathews, Hugh & Martha Johnson, dau. of John Johnson.
    1715. G. B. P. 271. W. & D. B. 2, P. 484.

Mathews, Samuel & Sarah Garnes, dau. of John Garnes.
    1761. W. B. 7, P. 184.

Mayo, William & Isabel Hardy, dau. of John Hardy.
    1681. W. & D. B. I, P. 459.

Mazry, Robert & Susanna Dodman, dau. of John Dodman.
    1679. W. & D. I, P. 429.

Meacom, Lewis & Ann Wrenn, dau. of Mrs. Mary Wrenn.
    1745. W. B. 5, P. 2 & 62.

Meador, Banister & Mrs. Polly Benn Young, R. of Bennett
    1812. O. B. 1810-13, P. 254.   Young.

Mecone, William & Sarah Garland, dau. of Peter Garland.
    1694. W. & D. B. 2, P. 423.

Mercer, Thomas & Mrs. Martha Chestnutt, R. of John
    1750. O. B. 1746-52, P. 532. D. B. 9, Chestnutt.
    P. 437.

Meredith, Joseph & Sarah Denson, dau. of Francis Denson.
        1708.   W. & D. B. 2, P. 496.

Mial, Thomas & Sarah Brown, dau. of Thomas Brown.
        1765. Southampton County, W. B. 2, P. 112.

Middleton, Owen of Surry Co. & Elean Browne. Marriage Contract.
        1669.   W. & D. B. 1, P. 215.

Miller, John & Alice Bell, dau. of John Bell.
 #   1721.   G. B. 2, P. 113.

Miller, Nicholas & ---- Casey, dau. of Thomas Casey.
        1758.   D. B. 10, P. 58.

Miller, Thomas & Rebecca Clayton, dau. of John Clayton.
        1756.   W. B. 6, P. 458.

Miller, Thomas & Mrs. Mary Richards, R. of Robert Richards.
        1758.   D. B. 10, P. 63.

Mington, Jeptha & ---- Tynes, dau. of Thomas Tynes.
        1769.   W. B. 8, P. 69.

Minton, Elias & ---- Bullard, dau. of Thomas Bullard.
        1772.   W. B. 8, P. 125.

Mintz, Edward & Ann Braddy, dau. of Mason Braddy.
        1785.   W. B. 9, P. 334.

Mrick, Owen & Mary Thrope, dau. of Timothy Thrope.
        1750. Southampton County W. B. 1, P. 37.

Mitchell, James of Nansemond Co. & Elizabeth Pitt, sister of
        1783.   D. B. 15, P. 308.   John Pitt.

Monro, Rev. Andrew & Mrs. Sarah Pitt, dau. of Arthur Smith.
        1697.   W. & D. B. 2, P. 377 & 544.

Monro, John of Nansemond Co. & Elizabeth Norseworthy, dau. of
        1738.   W. B. 4, P. 221.   George Norseworthy.

Moody, Isaac & ---- Blunt, dau. of William Blunt.
        1780.   W. B. 9, P. 45. O. B. 1780, P. 1.

Moone, Thomas & Mrs. Prudence Wilson.
        1655.   Bk. A, P. 81.   W. & D. B. 2, (Rev.), P.7.

Moore, George & Jane Barecroft, dau. of Charles Barecroft.
        1661.   W. & D. B. 2, (Rev.), P. 1.

Moore, John & Ann Giles, dau. of John Giles.
        1739.   D. B. 5, P. 358.

Moore, Thomas & Mrs. ---- Eldridge, R. of Samuel Eldridge.
        1667.   W. & D. B. 2, P. 49. (Rev.) P. 10.

Moore, Thomas & Sarah Wainwright, dau. of William Wainwright.
    1762.   O. B. 1759-63, P. 331.

Morris, Jesse & Elizabeth Lightfoot, dau. of Lemuel Lightfoot.
    1805.   O. B. 1803-6, P. 236.

Morrison, James & Sarah Driver, dau. of Charles Driver.
1784.   W. B. 9, P. 266.

Munger, John & Mrs. Mary Bushell, R. of Edward Bushell of Surry County.
    1669.   W. & D. B. 2, P. 71.

Murphry, Michael & ---- Hampton, sister of John Hampton.
    1735.   W. B. 4, P. 95.   W. B. 5, P. 61 & 79.

Murphry, William & Sarah Holliday, dau. of Anthony Holliday.
    1718.   W. & D. B. 2, P. 644.   G. B. 2, P. 88.

Murrey, Alexander & Mrs. Ann Collins, R. of William Collins
    1687.   W. & D. B. 2, (Rev.), P. 62.

Murrey, John & Elizabeth Yarrett, dau. of William Yarrett.
    1679.   W. & D. B. 2, P. 229.

Murrey, John & Mrs. Mary Parmento, R. of John Parmento.
    1715.   W. & D. B. 2, P. 597.

Murrey, John & Mrs. Ann Glover, R. of William Glover.
    1762.   O. B. 1759-63, P. 285.   W. B. 6, P. 422.

Murrey, Ralph & Mrs. Alexandera Kae, R. of Robert Kae.
    1724.   G. B. 2, P. 161.

Murrey, Robert & ---- Moscrop, dau. of Thomas Moscrop.
    1745.   W. B. 5, P. 14.

Murrey, Thomas & Sarah Davis, sister of John Davis.
    1740.   W. B. 4, P. 315.   O. B. 1746-52, P. 229.

Murrey, William & Mary Davis, dau. of John Davis.
    1712.   W. & D. B. 2, P. 581.

Nelms, Jeremiah & Nancy Gwaltney, dau. of Patrick Gwaltney.
    1805.   O. B. 1803-6, P. 422.

Nelms, John & Mrs. Elizabeth Mackmial, R. of John Mackmial.
    1750.   W. B. 5, P. 293.   W. B. 10, P. 6.

Nelson, William of Surry Co. & Ann Baker, dau. of Lawrence Baker.
    1766.   W. B. 7, P. 10 & 452.   W. B. 11, P. 723.

Nelson, William & Mrs. Martha Wilkinson, R. of Willis Wilkinson.
    1804.   O. B. 1803-6, P. 86.

Nevill, John & Elizabeth Reynolds, sister of Richard
   # 1689. D. B. I, P. 25.   Reynolds.

Newman, James & Elinor Wrench, dau. of John Wrench.
   # 1782. W. B. 9, P. 172 & 239.

Newman, John & Ruth Taberer, dau. of Thomas Taberer.
     1692. W. & D. B. 2, P. 350.

Newman, John & ---- Everett, dau. of William Everett.
     1770. W. B. 8, P. 44.

Newman, Thomas & Mary Ratcliff, dau. of Richard Ratcliff.
     1713. W. & D. B. 2, P. 638.

Newman, Thomas & Mrs. Mary Bunkley, R. of Robert Bunkley.
     1727. W. B. 3, P. 57. W. B. 4, P. 295.

Niblett, Edward & Sally Hough, sister of John Hough.
     1802. O. B. 1801-3, P. 152.

Niblett, John of Charles City Co. & Mary Washborne, dau. of
     1673. W. & D. B. I, P. 288. Daniel Washborne.

Nolliboy, Daniel & Sarah Tarleton, dau. of Roger Tarleton.
     1726. W. B. 3, P. 161. D. B. 10, P. 136.

Norseworthy, George & Martha Pitt, dau. of John Pitt.
     1702. W. & D. B. 2, P. 454. D. B. 2, P. 59.

Norseworthy, George & ---- Webb, dau. of James Webb.
     1717. W. & D. B. 2, P. 619. G. B. 2, P. 173 &
                                                    182.
Norseworthy, George & Christian Exum, dau. of Jeremiah Exum
     1719. W. B. 3, P. 19. D. B. 2, P. 291.

Norseworthy, George & Mrs. Rachel Parker, R. of Thomas
     1742. W. B. 4, P. 418 & 511   Parker.

Norseworthy, John & Frances English, dau. of John English.
     1670. W. & D. B. I, P. 82, 166 & 310.

Norseworthy, Joseph & Mary Bragg, dau. of James Bragg.
     1729. W. B. 3, P. 82. W. B. 4, P. 111.

Norseworthy, Tristram & Sarah Pitt, dau. of John Pitt.
     1702. W. & D. B. 2, P. 454. G. B. 2, P. 167.

Norseworthy, Tristram & Easter Bagnall, dau. of Nathan
     1754. W. B. 6, P. 130. D. B. 14, P. 26. Bagnall

Norseworthy, Tristram & Honour Goodrich, dau. of John Good-
     1759. O. B. 1759-63. P. 14. W. B. 5, P.   rich
                                             191.
Norseworthy, Tristram of Nansemond Co. & Mrs. ---- Smith, R.
     1768. D. B. 12. P. 233. of Nicholas Smith

Oaks, Joseph & Elizabeth Little, dau. of Robert Little.
1736.   W. B. 4, P. 136.

Ogburne, Nicholas & Ann Smith, dau. of Mrs. Mary Smith.
1713.   G. B. 2, P. 37.   W. B. 4, P. 286.

Outland, John & Elizabeth Bracey, dau. of Mrs. Elizabeth Bracey.
1751.   W. B. 5, P. 456.

Outland, John & Sarah Babb, sister of William Babb.
1796.   W. B. II, P. II.

Outland, William & Jane Exum, dau. of Jeremiah Exum.
1719.   D. B. 2, P. 291.   W. B. 3, P. 19.

Outland, William of Nansemond Co. & Ann Scott, dau. of James Took Scott.
1762.   D. B. II, P. 101.

Paine, Anthony & Peggy Outland, dau. of John Outland.
1798.   W. B. II, P. 104 & 146.

Palmer, Edmond & Mrs. ---- Dunston, R. of Robert Dunston.
1680.   W. & D. B. I, P. 420.

Pardoe, Phillip & Mrs. Rebecca Lewis, R. of Thomas Lewis.
1678.   W. & D. B. 2, P. 89 & 156.

Parker, Francis & Elizabeth Smith, dau. of William Smith.
1705.   W. & D. B. 2, P. 470, 605 & 628.

Parker, Frederick & Mrs. Mary Driver, R. of Giles Driver.
1764.   O. B. 1764-68, P. 274 & 483.

Parker, Richard & Mrs. Judith Huntt, R. of William Huntt.
1668.   W. & D. B. 2, P. 51 & 77.

Parker, Richard & Sarah Jarrell, dau. of Thomas Jarrell.
1741.   W. B. 4, P. 391.

Parker, Thomas & Rachel Wilkinson, dau. of Richard Wilkinson.
1741.   W. B. 5, P. 511.

Parker, William & Mary Roberts, dau. of John Roberts.
1711.   W. & D. B. 2, P. 567.

Parker, William & Ann Applewhaite, dau. of Mrs. Martha Applewhaite.
1739.   W. B. 4, P. 257.

Parker, William & Mary Beal, dau. of Benjamin Beal.
1780.   W. B. 9, P. 143.   W. B. 10, P. 39.

Parkerson, Henry & Rebecca Little, dau. of John Little.
1792.   W. B. 10, P. 242.

Parkett, Edward & Margaret Tynes, dau. of Nicholas Tynes.
1708.   W. & D. B. 2, P. 489.

Parnell, John & Mrs. ───── Chestnutt, R. of Alexander Chestnutt
　　　1690.　W. & D. B. 2, (Rev.), P. 75.

Parr, Thomas & Elizabeth Jordan, dau. of Richard Jordan.
　　　1739.　D. B. 7, P. 531.

Partridge, James & Frances Penny, dau. of Richard Penny.
　　　1693.　D. B. 1, P. 182.　W. & D. B. 2, P. 344.

Pass, William & Mrs. Sarah Burk, R. of John Burk.
#　　　1767.　O. B. 1764-68, P. 489.

Pasteur, John & Honour Wilson, dau. of George Wilson.
　　　1792.　W. B. 6, P. 379.　W. B. 10, P. 226.

Patterson, William & Mrs. Frances Gibbs, R. of Gabriel Gibbs.
　　　1798.　W. B. 11, P. 99.

Pedin, James & Mrs. Jane Huggens, R. of Mathew Huggens.
　　　1672.　W. & D. B. 2, P. 88.　(Rev.), P. 31.

Pedin, James & Mary Wilkinson, dau. of Richard Wilkinson.
　　　1741.　W. B. 4, P. 418.

Penny, John & Mary Marshall, sister of Humphrey Marshall.
　　　1735.　W. B. 4, P. 90 & 524.

Perkins, William & Mrs. Sarah Lawrence, R. of George Lawrence
　　　1810.　O. B. 1810-13, P. 1.

Perry, John & Elizabeth Young, dau. of John Young.
　　　1674.　W. & D. B. 2, (Rev.), P. 34.

Perry, Joseph & Mrs. Elizabeth Lundy, R. of James Lundy Sr.
　　　1717.　G. B. 2, P. 153.　W. B. 3, P. 253.

Perry, William & Mrs. Mary Valentine, R. of James Valentine.
　　　1679.　W. & D. B. 2, P. 192.

Person, Jacob & Mary Atkinson, dau. of Joseph Atkinson.
　　　1761.　W. B. 7, P. 390.　D. B. 12, P. 201.

Person, John & Prudence Jones, dau. of Samuel Jones.
　　　1770.　W. B. 8, P. 74.

Person, Joseph & Ann Jones, dau. of Samuel Jones.
　　　1770.　W. B. 8, P. 74.

Pough, David & Elizabeth Whitfield, dau. of Abraham Whitfield
#　　　1787.　W. B. 10, P. 81 & 82.

Phillips, John & ───── Clark, dau. of John Clark.
　　　1721.　G. B. 2, P. 124.　D. B. 5, P. 397.

Pierce, John & Mrs. ───── Brown, R. of John Brown.
　　　1666.　W. & D. B. 2, P. 43.

Pierce, John & Esther Hutchens, dau. of Richard Hutchens.
1735. D. B. 4, P. 439.

Pierce, Thomas & Mrs. Katherine Evans, R. of William Evans.
1691. D. P. I, P. 38.

Pierce, Thomas & Stratfield Thropp, dau. of Thomas Thropp.
1720. G. B. 2, P. 108. D. B. 9, P. 261.

Pierce, Thomas & Mrs. Honour Wilson, R. of James Wilson.
1742. J. B. 4, P. 408 & 456.

Pierce, Thomas & Martha Dixon, dau. of Thomas Dixon.
1746. W. B. 5, P. 141.

Pierce, Thomas & Mary Wentworth, dau. of Samuel Wentworth.
1767. D. B. 15, P. 140.

Piland, James & Mrs. Elizabeth Greenwood, R. of Thomas Green-
1674. W. & D. B. I, P. 328. wood.

Piland, James & Comfort Carrell, dau. of William Carrell.
1785. W. B. 9, P. 298.

Piland, Richard & Elinor Moore, dau. of George Moore.
1714. W. & D. B. 2, P. 194 & 586.

Pinhorn, John & Courtney Scott, dau. of Thomas Scott.
1782. D. B. 15, P. 78.

Pinner, Dixon & Nancy Driver, dau. of Robert Driver.
1800. W. B. II, P. 485.

Pitman, Thomas & Elizabeth Lancaster, dau. of Robert Lancas-
1720. G. B. 2, P. 28. ter

Pitt, Henry & Mrs. Ann Watson, R. of Robert Watson,
1655. Bk. A. P. 29 & 68.

Pitt, Henry & Mary Bagnall, dau. of Nathan Bagnall.
1754. W. B. 6, P. 130 & 282.

Pitt, Henry & Elizabeth Godwin, dau. of Edmond Godwin.
1762. W. B. 7, P. 175. O. B. 1759-63, P. 360.

Pitt, Henry & Juliana Bagnall, dau. of Richard Bagnall.
1773. W. B. 8, P. 241. O. B. 1772-80, P. 318.

Pitt, James & Patience Godwin, dau. of Joseph Godwin.
1757. W. B. 7, P. 50.

Pitt, James & Mrs. Mary Smith, R. of Joseph Smith.
1779. O. B. 1772-80, P. 490.

Pitt, James & Sally Shivers, dau. of William Shivers Sr.
1805. O. B. 1803-6, P. 314.

Pitt, John & Mrs. Olive Bromfield, R. of John Bromfield.
    1702.   W. & D. B. 2, P. 454.

Pitt, John & ---- Godwin, sister of Thomas Godwin.
  #   1748.   W. B. 5, P. 164.

Pitt, Robert & Mary Bridger, dau. of Joseph Bridger.
         1760.   O. B. 1759-63, P. 177 & 207.

Pitt, Thomas & Mrs. Mary Hole, R. of John Hole.
         1696.   W. & D. B. 2, P. 288 & 377.

Pitt, Thomas & Mary Bullock, dau. of Joseph Bullock.
         1777.   W. B. 9, P. 40.

Pitt, Willis & Elizabeth Norseworthy, dau. of Tristram
         1784.   W. B. 9, P. 226.   Norseworthy.

Pleasants, John & ---- Jordan, dau. of Josiah Jordan.
         1786.   W. B. 10, P. 30.

Ponsonby, William & Caty Vellines, dau. of Twaite Vellines.
         1768.   W. B. 11, P. 106.   D. B. 12, P. 251.

Poole, Joseph & Mrs. Elizabeth Champion.
         1668.   W. & D. B. 2, P. 65.

Poole, Richard & Mrs. Mary Davis, R. of John Davis.
         1665.   W. & D. B. 1, P. 67.

Pope, Henry & Sarah Watts, dau. of John Watts.
         1697.   W. & D. B. 2, P. 386.

Pope, John & Elizabeth Powell, dau. of William Powell.
         1695.   D. B. 1, P. 193.

Pope, John & Sweeting Parnall, dau. of James Parnall.
         1769.   D. B. 12, P. 301.   W. B. 8, P. 17.

Pope, Nathan & ---- Williams, dau. of John Williams.
         1754.   W. B. 6, P. 131.

Pope, Richard & Ann Williams, dau. of John Williams.
         1754.   W. B. 6, P. 131.

Pope, Richard & Catherine Saunders, dau. of Robert Saunders.
         1792.   W. B. 10, P. 270.

Portlock, Charles & Lydia Ridley, dau. of Nathaniel Ridley.
         1750.   W. B. 5, P. 322.

Potter, John & Mrs. Ann Meacom, R. of Lewis Meacom.
         1745.   W. B. 5, P. 2 & 62.

Powell, Benjamin & Rebecca Godwin, dau. of Kinchin Godwin.
         1806.   O. B. 1803-6, P. 504.

43.

Powell, James & Mrs. Ann Pitt, R. of Henry Pitt.
1667.   W. & D. B. I, P. 115.

Powell, John of Nansemond Co. & Deborah Hern, dau of Henry
1700.   D. B. I, P. 337.   Hern.

Powell, Joshua & Mary Tomlin, dau. of Mrs. Martha Tomlin.
1789.   W. B. 10, P. 243.

Powell, Stephen & Mrs. Mary Boazman, R. of Ralph Boazman.
1723.   G. B. P. 560.

Powell, Thomas & ---- Smith, dau. of Nicholas Smith.
1695.   D. B. I, P. 195.

Powell, Thomas & Mrs. Mary Tomlin, R. of John Tomlin.
1767.   O. B. 1764-68, P. 470.

Pretlow, John & Mary Bracey, dau. of Mrs. Elizabeth Bracey.
1765.   W. B. 8, P. 47.

Price, Joseph & Martha Williamson, dau. of Francis William-
1725.   W. B. 3, P. 133.   son

Price, Thomas & Rachel Hern, dau. of Henry Hern.
1700.   D. B. I, P. 320.

Price, William & Elizabeth Godwin, dau. of Edmond Godwin of
1721.   G. B. P. 448.   Nansemond County

Pritchard, Thomas & Elizabeth Ricks, dau. of Abraham Ricks.
1746.   W. B. 5, P. 26 & 32.

Proctor, Jeremy & Bridget Green, dau. of Thomas Green.
1706.   W. & D. B. 2, P. 252 & 475.

Proctor, Reuben & Mrs. Joan Burnett, R. of Robert Burnett.
1710.   G. B. 2, P. 118.   Surry County Bk. 5, P.33

Proctor, Reuben & Mrs. Sarah Ward, R. of Benjamin Ward.
1758.   D. B. 9, P. 528.   W. B. 5, P. 417.

Pruden, John & Mourning Watkins, dau. of John Watkins.
1804.   W. B. 12, P. 162.

Pullen, Abraham & Mrs. Mariable Nicholson, R. of Richard
1673.   W. & D. B. 2, P. 118.   Nicholson.

Purdie, George & Frances Wentworth, dau. of Samuel Went-
 #   1768.   W. B. 7, P. 511.   O. B. 1772-80, P. worth.
                                                    284.
Purdie, Thomas & Sarah Tynes, dau. of Robert Tynes.
1802.   O. B. 1801-3, P. 356.   O. B. 1810-13, P.235.

Rand, William & Sophia Allmand, dau. of James Allmand.
1757.   W. B. 6, P. 306.   O. B. 1759-63, P. 176.

Randolph, Robert & Mrs. Ann Powell, R. of James Powell.
   1693. D. B. I, (Rev.), P. 12.

Rawlins, Roger of Surry County & Elizabeth Skinner, dau. of
   1677. W. & D. B. 2, P. 152. Richard Skinner.
              D. B. 2, P. 45.

Reeves, Thomas of N. C. & Mrs. Elizabeth Mackquinney, R. of
   1701. D. B. I, P. 339. Michael Mackquinney.

Regan, Francis of Surry County & Jane Gross, dau. of Richard
 # 1696. D. B. I, P. 226. G. B. P. 534. Gross.

Reyley, Edward & Mrs. ---- Crudopp, R. of Barnard Crudopp.
   1679. W. & D. B. 2, P. 192.

Reynolds, Christopher & Elizabeth Saunders, sister of John
   1747. O. B. 1746-52, P. 29.   Saunders

Reynolds, Christopher & Mary Lightfoot, dau. of Henry Light-
   1753. W. B. 6, P. 122. D. B. 9, P. 154. foot.

Reynolds, Christopher & Mrs. Penelope Nolliboy, R. of Needham
   1763. O. B. 1759-63, P. 464.   Nolliboy

Reynolds, George & Elizabeth Norseworthy, Dau. of Joseph
   1757. W. B. 6, P. 315. O. B. 1759-63, Norseworthy.
              P. 330 & 504.

Reynolds, Michael of N. C. & Alice Darden, dau. of Joseph
 # 1737. D. B. 5, P. 157. D. B. 8, P. 268. Darden.

Reynolds, Richard & Elizabeth Williams, dau. of George Williams
   1685. W. & D. B. 2, P. 243. D. B. I, P. 90.

Reynolds, Richard & ---- Staples, dau. of Richard Staples.
   1690. D. B. 8, P. 242. D. B. I, P. 25.

Reynolds, Richard & ---- Sharpe, dau. of Richard Sharpe.
   1699. W. & D. B. 2, P. 422.

Reynolds, Robert & Patience Lightfoot, dau. of Henry Lightfoot.
   1754. W. B. 6, P. 122. D. B. 9, P. 289.

Reynolds, Rowland & ---- Chapman, dau. of Joseph Chapman.
   1791. W. B. 10, P. 220.

Reynolds, Sharpe & Sophia Godwin, dau. of Samuel Godwin.
   1784. W. B. 9, P. 230. W. B. 10, P. 205.

Richards, John & Mrs. Ann Maddison, R. of Richard Maddison.
   1678. W. & D. B. I, P. 375.

Richards, Robert & Mrs. Martha Lucks, R. of John Lucks.
   1715. W. & D. B. 2, P. 514 & 595. G. B. 2, P.
                 170.

Richards, Robert & Mrs. Mary Goodwin, R. of Lemuel Goodwin.
   1758. D. B. 10, P. 63. D. B. 14, (Godwin)
              (Rev.), P. 176.

Richards, Thomas & Mrs. Ann Ogburne, R. of Nicholas Ogburne
    1713. W. & D. B. 2, P. 629. W. B. 4, P. 286

Richards, William & Mrs. Frances Benn. R. of Arthur Benn.
    1732. W. B. 3, p. 314

Richards, William Mrs. Martha Wills. R. of Thomas Wills.
    1754. W. B. 6, P. 101. W. B. 7, P. 95 &504.

Riddick, George & Mrs. Ann Kae, R. of Capt. Robert Kae.
    1710. W & D B. 2, P. 509

Ridley, James & Jane Smith, dau. of Arthur Smith.
    1742. W. B. 4, P. 424. D.B. 7, P. 53

Ridley, Nathaniel & Elizabeth Day, dau. of James Day.
    1706. W. & D. B. 2, P. 475.

Ridley, Nathaniel & Priscilla Applewhaite, dau. of Henry
    1742. W. B. 4, P. 329. Southampton Co.   Apple-
    W. B. I, p. 120 Whaite.

Roberts, Barden & Elizabeth Everett, dau. of John Everett.
    1811. O.B. 1810-13, P. 141.

Roberts, John & Jane Braswell, sister of Richard Braswell.
    1680. W. & D. B. 2, P. 567.

Roberts, Thomas & Mrs. Elizabeth Bragg, R. of James Bragg.
    1674. W. & D. B. 2, P. 124.

Robertson, William & Mary Applewhaite, dau. of Thomas Apple-
    1770. W. B. 8, P. 64. D.B. 12, P. 466   whaite.

Rogers, John & Mary Booth, sister of Richard Booth.
    1681. W. & D. B. I, P. 473.

Ronald, Andrew, & Mary Fry, dau. of Mrs. Mary Fry.
    1783. W. B. 10, P. 309

Ronaldson, Patrich & Mrs. Mary Easson, R. of James Easson.
    1769. W. B. 9, P. 16. W. B. 10, P. 212.

Rookings, William of Surry Co. & Ellen Williams, dau. of
  #   1740. D. B. 5, P. 523   Jones Williams.

Rotchell, George & Mary Boykin.
    1751. Southampton County D.B. I, P. 246.

Ruffin, Benjamin & Luby Simmons, dau. of John Simmons.
    1746. Southampton County. W. B. I, P. 8.

Ruffin, Edward & Ann Simmons, dau. of John Simmons.
    1746. Southampton County. W. B. I, P. 8.

Rutter, Walter & Martha Izard, dau. of Richard Izard.
  1686. D. B. I, P. 240.

Samford, Thomas & Frances Amis, dau. of James Amis of Glouces-
  1761. D. B. 10, P. 310.   ter County

Sampson, James & Elizabeth Barecroft, dau. of Charles Bare-
  1666. W & D. B. I, P. 84.   croft.

Sanders, Henry & Margaret Sellaway, dau. of John Sellaway.
  1712. G. B. 2, P. 158.

Sanderson, Jonathan & Frances Seagrave, dau. of Francis
  1725. W. B. 3, P. 56.   Seagrave.

Sandifur, William & Mary Tomkins, dau. of Samuel Tomkins.
  1762. Southampton County D. B. 3, P. 131.

Savage, Joel & Rebecca Ward, dau. of Thomas Ward.
  1783. O. B. 1780-83, P. 187.

Sawyer, Thomas & Isabell Frizzell, dau. of William Frizzell.
  1706. W. & D. B. 2, P. 479.

Scammell, John of N. C. & Henrietta Cutchins, sister of Joseph
  1750. D. B. 8, P. 307. W. B. 7, P.327. Cutchins.

Scott, James Took & Christian Norseworthy, dau. of George
  1739. W. B. 4, P. 351 & 375. Norseworthy.

Scott, John & Sarah Clifton, dau. of Thomas Clifton.
  1755. Southampton County D. B. 2, P. 54.

Scott, Joseph & Ann Lawrence, dau. of John Lawrence.
  1776. W. B. 8, P. 151. O. B. 1772-80, P. 339.

Scott, Robert & Jane Roberts, dau. of John Roberts.
  1711. W. & D. B. 2, P. 530 & 567.

Scott, Thomas & ---- Murry, sister of Thomas Murry.
  1798. W. B. 11, P. 115.

Scott, William & Elizabeth White, dau. of John White.
  1718. W. & D. B. 2, P. 649.

Scott, William & Mourning Exum, dau. of Jeremiah Exum.
  1719. D. B. 2, P. 291. W. B. 3, P. 19.

Scott, William & Elizabeth Ricks, dau. of Robert Ricks.
  1745. D. B. 7, P. 271.

Selden, Bartholomew of Nansemond County & Ashley, grand-
  1718. G. B. P. 184. daughter of Christopher
              Ashley.

Sellaway, John & Jane Ricks, dau. of Isaac Ricks.
    1730. D. B. 4, P. 96.

Shelley, Phillip of Surry Co. & Sarah Wakefield, dau. of
    1700. D. B. I, P. 314.   John Wakefield.

Shepherd, Samuel & Mrs. Prudence Harrison, R. of Richard
    1810. O. B. 1810-13, P. 44.   Harrison.

Shipley, Jonathan of Bridge Town in the Barbadoes & Ellis
    1681. D. B. I, P. 23. Burnell, dau. of John Burnell

Shivers, Jonas & Patience Dixon, dau. of Thomas Dixon.
    1746. W. B. 5, P. 141.

Shivers, Joseph & Mrs. Mary Howell, R. of Thomas Howell.
    1782. O. B. 1780-83, P. 64.

Shivers, Joseph & Chloe Newman, sister of Josiah Newman.
    1801. W. B. II, P. 774.

Shumacke, Arnold & Mrs. Ann Williams, R. of John Williams.
    1694. D. B. I, P. 107.

Sikes, Andrew & Chloe Hough, sister of John Hough.
    1802. O. B. 1801-3, P. 152.

Sikes, Thomas & Mrs. Elizabeth Hampton, R. of Thomas Hampton
    1708. W. & D. B. 2, P. 491.

Sikes, Thomas & Elizabeth Gale, dau. of Thomas Gale.
    1730. W. B. 3, P. 254 & 332.

Simmons, Charles & Eleanor Butts, dau. of Thomas Butts of
    1753. Southampton Co. D. B. I, New Kent County.
    P. 504.

Simmons, Charles & Mary Wainwright, dau. of William Wain-
    1761. O. B. 1759-63, P. 269.   wright.

Simms, John of Brunswick Co. & Mrs. Honour Lightfoot, sister
    1754. D. B. 9, P. 261. D. B. 14, of Thomas Pierce
    (Rev.), P. 94.

Sims, Charles of N. C. & Esther Murry, dau. of Thomas Murry
    1762. D. B. II, P. 82.

Sinclair, John & Ann Wilson, dau. of George Wilson.
    1792. W. B. 6, P. 379. W. B. 10, P. 226. W. B.
    II, P. 21
Sinclair, John & Mrs. Mary J'Anson, R. of Thomas J'Anson.
    1801. O. B. 1801-3, P. 107.

Skinner, Arthur & Mrs. ----- Neville, R. of William Neville.
    1665. W. & D. B. I, P. 48.

Smelley, John & Sarah Casey, dau. of Richard Casey.
  # 1745. W. B. 5, P. 112. W. B. 7, P. 369.

Smelley, John & Mary Richards.
          1762.   W. B. 7, P. 173.

Smelley, Lewis & Elizabeth Giles, dau. of Thomas Giles.
          1710.   D. B. 2, P. 169.

Smelley, Robert & Ellenor Giles, dau. of Thomas Giles.
          1715.   W. & D. B. 2, P. 597.

Smelley, Thomas & Fanny Chapman, dau. of John Chapman.
          1769.   W. B. 8, P. 3.

Smelley, William & Betsey Pinner, dau. of John Pinner.
          1776.   W. B. 10, P. 9.

Smith, Arthur & Sarah Jackson, dau. of Richard Jackson.
          1666.   W. & D. B. 1, P. 69.

Smith, Arthur & Mary Bromfield, dau. of John Bromfield.
          1734.   D. B. 4, P. 397.

Smith, James & Mary Chapman, dau. of Joseph Chapman.
          1805.   O. B. 1803-6, P. 277.

Smith, John & Ann Street, sister of Maddison Street.
          1732.   W. B. 3, P. 335.

Smith, John & ---- Shaw, dau. of Mrs. Elizabeth Shaw.
          1752.   W. B. 6, P. 28.

Smith, Joseph & Mary Rand, dau. of William Rand Sr.
          1774.   O. B. 1772-80, P. 268.

Smith, Robert & ---- Batten, dau. of Daniel Batten.
          1678.   W. & D. B. 2, P. 164 & 459.

Smith, William & Mrs. Ann Downes, R. of John Downes.
          1693.   D. B. 1, (Rev.), P. 24.

Smith, William & Elizabeth Godwin, dau. of Joseph Godwin.
          1757.   W. B. 7, P. 50.   W. B. 8, P. 56.

Smith, William & Ann Covington Holliday, dau. of Samuel
          1760.   O. B. 1759-63, P. 144 & 342.   Holliday.

Smith, William & Mrs. Elizabeth Brock, R. of Benjamin Brock.
          1764.   O. B. 1764-62, P. 294.

Snowden, Richard & Margaret Brown, dau. of Robert Brown.
          1746.   W. B. 5, P. 22.   W. B. 7, P. 351.

Sojournour, John & Mrs. Alice Harris.   Marriage Contract.
          1673.   W. & D. B. 2, P. 124.

Spiltimber, Benjamin & Mary Harris, dau. of Robert Harris.

Spyvie, Benjamin & Lucy Rose, sister of William Rose.
1771. W. B. 8, P. 113.

Stallings, John & Elizabeth Ward, dau. of Joseph Ward.
1762. W. B. 7, P. 428 & 513.. W. B. 10, P. 94.

Stantlin, Darby & Mrs. Juliana King.
1670. W. & D. B. 2, P. 90.

Stanton, James & Ann Newby, dau. of Thomas Newby.
1801. O. B. 1801-3, P. 124. W. B. 11, P. 91.

Stevens, Benjamin & Mrs. Mary Sellaway, R. of Richard
1764. W. B. 7, P. 363. Sellaway.

Stevens, Edmund & Elizabeth Pierce, dau. of John Pierce.
1784. D. B. 15, P. 375.

Stevens, Jacob & Ann Coggan, dau. of Robert Coggan.
\# 1737. W. B. 4, P. 218. D. B. 8, P. 189.

Stevens, Jacob & Martha Tomlin, dau. of Mathew Tomlin.
1763. D. B. 11, P. 161 & 192.

Stevens, John & Elizabeth Coggan, dau. of Robert Coggan.
\# 1737. W. B. 4, P. 218. W. B. 9, P. 244.

Stevens, Thomas of Brunswick Co. & Lucy Bennett, dau. of
1774. O. B. 1772-80, P. 273. John Bennett.
W. B. 8, P. 492.

Stoikes, Robert & Jane Braswell, dau. of Robert Braswell.
1667. W. & D. B. 2, P. 52 & 55.

Story, Thomas & Elizabeth Bragg, dau. of James Bragg.
1728. W. B. 3, P. 82.

Street, Maddison & Margaret Surby, dau. of John Surby.
1715. G. B. , P. 90.

Stringfield, Benjamin & Mourning Wombwell, dau. of Thomas
1784. W. B. 9, P. 294. Wombwell.

Stringfield, James & Ann Wombwell, dau. of Thomas Wombwell.
1784. W. B. 9, P. 294.

Stroud, John & Sarah Morris, dau. of John Morris.
\# 1759. W. B. 8, P. 197. O. B. 1759-63, P. 83.

Stuart, John & Betsey Smith. Marriage Contract.
1773. D. B. 13, P. 65.

Summerell, George & Jane Stephenson, dau. of Thomas Stephen-
1770. Southampton County W. B. 2, P. 314. son.

Summerell, Thomas & Elizabeth Stephenson, dau. of Thomas
1770. Southampton Co. W. B. 2, P. 314. Stephenson

Sumner, Holland of N. C. & Martha Norseworthy, dau. of
  1773. D. B. 13, P. 117. Charles Norseworthy.

Tabour, Thomas & Judith Allen, dau. of Joseph Allen.
  1751. W. B. 5, P. 392.

Talkough, James & Mrs. Ann Griffin, R. of Thomas Griffin.
  1694. D. B. 1, P. 133.

Taylor, Charles B. & Mrs. Lucy Jones, R. of Willis Jones.
  1794. W. B. 11, P. 133.

Taylor, Etheldred & Patience Kinchin, dau. of William
  1734. W. B. 4, P. 72.   Kinchin.

Taylor, John & Easter Pitt, dau. of Henry Pitt.
  1766. D. B. 12, P. 120.

Taylor, Kinchin & Ridley Browne, dau. of Jesse Browne.
  1770. Southampton County W. B. 2, P. 357.

Taylor, Thomas & ---- Harris, dau. of William Harris.
  1747. D. B. 8, P. 135.

Thomas, Jacob & Mary Norseworthy, sister of Tristram Norse-
  1773. W. B. 8, P. 332.   worthy.

Thomas, John & Mrs. Susanna Frizzell, R. of John Frizzell.
  1693. D. B. 1, P. 65.

Thomas, John & Mary Lawrence, dau. of John Lawrence.
  1736. D. B. 5, P. 186.

Thomas, John & Mary Moody, dau. of Phillip Moody.
  1756. D. B. 9, P. 474.

Thomas, Richard & Eleanor Sherrer, dau. of John Sherrer.
  1736. W. B. 4, P. 192. D. B. 9, P. (Sherwood).
                 379.

Thomas, William & ---- Hill, dau. of Mrs. Silvestra Hill.
  1695. W. & D. B. 2, P. 408. D. B. 1, P. 201.

Thrope, Thomas & Mrs. Martha Lewer, R. of William Lewer.
  1685. W. & D. B. 2, (Rev.), P. 58.

Thropp, Thomas & Mrs. Mary Ford, R. of Joseph Ford.
  1709. W. & D. B. 2, P. 497.

Thropp, Thomas & Mary Lewis, dau. of Daniel Lewis.
  1709. W. & D. B. 2, P. 514 & 531.

Tibbott, Richard & Mary Bridger, dau. of Joseph Bridger.
  1686. W. & D. B. 2, P. 254.

Todd, Mallory & Angelina Mallory, dau. of John Mallory.
    1788.   W. B. 10, P. 128 & 129.

Toler, John & Mrs. Julia Pitt, R. of Henry Pitt.
    1783.   O. B. 1780-83, P. 216.

Tomlin, John & Charlotte Holland, dau. of James Holland.
    1801.   O. B. 1801-3, P. 125.

Tomlin, Mathew & ---- Watson, dau. of John Watson.
    1685.   W. & D. B. 2, P. 243.

Tomlin, Nicholas & Rebecca Johnson, dau. of Robert Johnson.
    1784.   W. B. 9, P. 282.   W. B. 11, P. 40.

Toule, Hercules & Mrs. Susannah Reynolds, R. of Richard
    1708.   D. B. 2, P. 102.   W. & D. B. 2,   Reynolds.
                                                  P. 244.
Tuel, Bignall & Mrs. Sarah Gray, R. of Aaron Gray.
    1758.   W. B. 6, P. 197.

Tuke, John & Elizabeth Skelton, dau. of Thomas Skelton.
    1730.   W. B. 3, P. 249.

Turner, Henry & Elizabeth Wilkinson, dau. of Richard
    1715.   W. & D. B. 2, P. 625.   Wilkinson.

Turner, Jacob & Priscilla Blunt, dau. of Benjamin Blunt.
    1778.   Southampton County W. B. 3, P. 435.

Turner, John & ---- Tomlin, dau. of Mathew Tomlin.
    1684.   W. & D. B. 2, P. 264.

Turner, John & Sarah Street, dau. of John Street.
    1710.   W. & D. B. 2, P. 523.

Turner, Thomas & Martha Joyner, dau. of Thomas Joyner.
    1719.   G. B. 313.

Turner, Thomas & Lucretia Seagrave, dau. of Francis
    1725.   W. B. 3, P. 56.   Seagrave.

Turner, William & Martha Edwards, dau. of Solomon Edwards.
    1777.   D. B. 13, P. 490.   W. B. 11, P. 205.

Tynes, Henry & Sarah, grand-daughter of Mrs. Sarah Crocker.
    1781.   W. B. 9, P. 66.   W. B. 10, P. 99.

Tyrrell, Blackeby & Sarah Jones. Marriage Contract.
    1698.   D. B. 1, P. 267.

Uzzell, Thomas & Mary Parr, dau. of Anthony Parr.
    1779.   O. B. 1772-80, P. 490 & 502.

Uzzell, Thomas & Nancy Morrison, dau. of William Morrison.
        1804.   O. B. 1803-6, P. 261. W. B. II, P. 722.

Valentine, James & Mary Midland, dau. of George Midland.
        1667.   W. & D. B. I, P. 118.

Vance, Hugh & Mrs. Lydia Portlock, R. of Charles Portlock.
        1756.   W. B. 6, P. 227. W. B. 5, P. 322 & 439.

Vaniser, Peter & Ann Almand, dau. of Isaac Almand.
\#   1786.   W. B. 10, P. 246.

Vaughan, Henry & Mrs. Ann Blow, R. of Richard Blow Jr.
        1746.   O. B. 1747-52, P. 20. W. B. 5, P. 37.

Vaughan, Thomas & Mrs. Margaret Boykin, R. of William Boykin
        1734.   W. B. 4, P. 44. W. B. 5, P. 89.

Vellines, Nathaniel & Sally Thomas, dau. of Phillip Thomas.
        1812.   O. B. 1810-1813, P. 269.

Vellines, Twaite & Mary Clayton, dau. of John Clayton.
        1756.   W. B. 6, P. 458.

Vivian, Thomas & Elizabeth Williamson.
        1672.   W. & D. B. 2, P. 107.

Wade, Samuel & Susanna Barden, sister of John Barden.
\#   1695.   D. B. I, P. 190.

Waikley, Mathew & Mrs. Julian Stantlin, R. of Darby Stantlin
        1670.   W. & D. B. 2, P. 90.

Wainwright, William & Mary Summerell, dau. of Thomas
\#   1739.   W. B. 4, P. 172 & 254.   Summerell.

Wakefield, John & Mary Oliver, dau. of John Oliver.
        1666.   W. & D. B. I, P. 94.

Wakefield, Thomas of Nansemond Co. & Elizabeth Darden, dau.
        1779.   D. B. 14, P. 130. of Mrs. Mourning Darden

Walker, George & Mrs. Margaret Warren, R. of David Warren.
        1666.   W. & D. B. 2, (Rev.), P. 12.

Walters, Walter & Mrs. Alice Larimore, R. of Roger Larimore.
        1687.   W. & D. B. 2, (Rev.), P. 64 & 284.

Walton, John & Mrs. Elizabeth Wynne, R. of Hugh Wynne.
        1666.   W. & D. B. I, P. 87.

Ward, John Wiatt of Nansemond Co. & Susannah Moore, dau. of
\#   1785.   D. B. 15, P. 649.   Isaac Moore.

Ward, Thomas & Joanna Rayner, dau. of Francis Rayner.
       1719.   G. B. 2, P. 9.

Ward, William & Mrs. Sarah Lightfoot, R. of Bartholomew
       1780.   W. B. 9, P. 53.   Lightfoot Jr.

Wardroper, John of London & Mrs. Hester Brown R. of James
       1730.   D. B. 4, P. 182.   Brown.

Warren, John & Sarah Deberry, dau. of Peter Deberry.
       1712.   W. & D. B. 2, P. 554.

Warren, Robert & Margaret Dawson, dau. of Martin Dawson.
       1745.   W. B. 5, P. 52.

Waters, Daniel & Mrs. ---- Bethesea, R. of Robert Bethesea.
       1672.   W. & D. B. 2, (Rev.), P. 33.

Watkins, William & Honour Beal, dau. of Absalom Beal.
       1804.   O. B. 1803-6, P. 148.

Watson, John & Mrs. Sarah West, R. of Nicholas West.
       1668.   W. & D. B. 2, P. 58 & 108.

Watson, John & ---- Wilson, dau. of Samuel Wilson.
       1789.   W. B. 10, P. 137.

Watts, John & Alice English, dau. of John English.
       1678.   W. & D. B. 2, P. 166.

Waugh, John & Elizabeth Madison, dau. of Richard Madison.
       1676.   W. & D. B. 2, P. 155.

Webb, James & Elizabeth Godwin, dau. of Thomas Godwin.
       1675.   W. & D. B. 2, (Rev.), P. 39.

Webb, Mathew & Ann Barlow, dau. of William Barlow.
       1780.   W. B. 9, P.64 & 302.   W. B. 11, P. 185.

Webb, Samuel & Susanna Harrison, dau. of John Harrison.
       1746.   D. B. 7, P. 453.

Webb, Samuel of Surry Co. & Ann Applewhaite, dau. of Arthur
       1772.   D. B. 12, P. 499.   D. B. 15,   Applewhaite.
                                        P. 422.

Webb, William & Mary Taberer, dau. of Thomas Taberer.
       1692.   W. & D. B. 2, P. 350.

Welch, John & Mrs. Mary Delk, R. of John Delk.
       1760.   O. B. 1759-63, P. 147.   W. B. 6, P. 72.

Welch, William & Sarah Batten, dau. of Daniel Batten.
       1702.   W. & D. B. 2, P. 459 & 464.

Wentworth, Samuel & Mary Calcote, dau. of Thomas Calcote.
    1739.   D. B. 5, P. 349.   (Calchough).

West, Henry & ---- Fulgham, dau. of Michael Fulgham.
    1727.   W. B. 3, P. 59.

West, Jacoby & Mrs. Silvia Brantley, R. of John Brantley.
    1762.   O. B. 1759-63, P. 354.

West, Nicholas & Mrs. Sarah Luke, R. of Paul Luke.
    1667.   W. & D. B. 2, P. 59.

West, Richard & Elizabeth Pitt, sister of John Pitt.
    1781.   W. B. 9, P. 71.

West, William & Rebecca Braswell, dau. of Robert Braswell.
    1668.   W. & D. B. 2, P. 52 & 55.

Weston, Benjamin & Mrs. Isabella Fulgham, R. of Nicholas
    1738.   W. B. 4, P. 142 & 253. D. B. 7,   Fulgham.
                                               P. 288.
Weston, John & Ann Smith, dau. of William Smith.
    1690.   W. & D. B. 2, P. 300 & 470.

Weston, John of Nansemond Co. & Isabella Parker, dau. of
    1750.   D. B. 8, P. 340.   George Parker.

Westray, Arthur & Elizabeth Godwin, dau. of John Godwin.
    1762.   D. B. 11, P. 20.

Westray, Benjamin & Elizabeth Sawyer.
    1763.   D. B. 11, P. 192.

Westray, John & Ann Exum, dau. of Robert Exum.
    1751.   D. B. 8, P. 422.

Wheadon, Joseph & Mrs. Joyce Carrell, R. of Samuel Carrell.
    1745.   W. B. 4, P. 288 & 528.

Wheadon, Phillip & Mrs. Sarah Lucks, R. of John Lucks.
    1724.   G. B. P. 646.

Whitaker, Phineas & ---- Moore, dau. of John Moore.
    1722.   G. B. 510.   W. & D. B. 2, P. 279.

White, Anthony & Mary Pitt, dau. of Henry Pitt.
    1766.   D. B. 12, P. 120.

White, John of Lower Norfolk Co. & Eady Llewellen, dau. of
    1664.   W. & D. B. 1, P. 22.   Thomas Llewellen

White, Samuel of Norfolk & Bethiah Bird, dau. of Mrs. Eliza-
    1773.   D. B. 13, P. 88.   beth Bird.

White, Thomas & Ann Moore, dau. of George Moore.
    1710.   W. & D. B. 2, P. 586. W. B. 4, P. 401 &

White, Thomas & ----- Harrison, dau. of John Harrison.
    1722. W. B. 3, P. 333.

Whitehead, Arthur & Mary Godwin, dau. of William Godwin.
\#   1710. G. B. 2, P. 52; W. & D. B. 2, P. 523.

Whitehead, Arthur & Isabella Pursell, dau. of Arthur
    1717. W. B. 3, P. 345.   Pursell.

Whitehead, Joseph of N. C. & Elizaba Applewhaite, dau. of
    1771. D. B. 12, P. 487.   John Applewhaite.

Whitfield, Mathew of Nansemond Co. & Priscilla Lawrence, dau.
    1708. D. B. 2, P. 115.   of John Lawrence.

Whitfield, Mathew & Mrs. Rachel Norseworthy, R. of John
    1746. O. B. 1746-52, P. 10.   Norseworthy.

Whitfield, Samuel & Nancy Hunt, dau. of Joshua Hunt.
    1805. O. B. 1803-5, P. 378.

Whitfield, Thomas & Mary Harrison, dau. of William Harrison.
    1751. D. B. 8, P. 401.

Whitfield, Thomas & Mrs. Mary Dickenson, R. of Jacob
    1755. W. B. 14, (Rev.), P. 16.   Dickenson.

Whitfield, William & Mary Copeland, sister of Thomas
    1741. W. B. 4, P. 402. D. B. 14, (Rev.), Copeland.
    P. 55.

Whitley, John & ----- Madden, sister of Henry Madden.
    1687. W. & D. B. 2, (Rev.), P. 61.

Whitley, Joseph & Mary Shaw, dau. of Mrs. Elizabeth Shaw.
    1752. W. B. 6, P. 28.

Whitley, Thomas & Mary Street, dau. of John Street.
    1710. W. & D. B. 2, P. 523 & 615.

Whitley, Thomas & Susannah Fulgham, dau. of Nicholas
    1719. G. B. 2, P. 170.   Fulgham.

Wiggs, Henry & Catherine Luke, dau. of Paul Luke.
    1754. D. B. 9, P. 240.

Wilds, Thomas & Ann King, sister of Robert King.
    1675. W. & D. B. 2, P. 434. (Rev.), P. 35.

Wilkinson, Cofield & Mrs. Jennie Lowry, R. of Isaac Lowry.
    1802. O. B. 1801-3, P. 221.

Wilkinson, William & Elizabeth Webb, dau. of James Webb.
    1717. W. & D. B. 2, P. 619.

Wilkinson, William & Rebecca Powell, dau. of William Powell.
    1734. W. B. 4, P. 46. D. B. 9, P. 343.

Williams, Arthur of N. C. & Hannah Mandew, dau. of Thomas
    1737.   D. B. 5, P. 152.   Mandew.

Williams, David & Ann Gray, sister of Mourning Gray.
    1740.   W. B. 8, P. 349. D. B. 5, P. 498.

Williams, Dennis & Mrs. ---- Altman, R. of John Altman.
    1694.   D. B. I, (Rev.), P. 51.

Williams, Epaphroditus & Rachel Wilkinson, sister of Richard
    1728.   W. B. 3, P. 123.   Wilkinson.

Williams, George & Nancy Hough, sister of John Hough.
    1802.   O. B. 1801-3, P. 152.

Williams, Jacob & Martha Drake, dau. of Richard Drake.
    1759.   Southampton Co. W. B. I, P. 313.

Williams, John & ---- Whitley, dau. of John Whitley.
    1671.   W. & D. B. 2, P. 105.

Williams, John & Mary Parnell, sister of Thomas Parnell.
    1687.   W. & D. B. 2, P. 278.

Williams, John & Mrs. Sarah Cooper, R. of Robert Cooper.
    1694.   D. B. I, (Rev.), P. 47.

Williams, John & ---- Wainwright, sister of William
    1769.   W. B. 8, P. 204.   Wainwright.

Williams, Peter & Mary Green, dau. of John Green.
    1719.   G. B. E. 261.

Williams, Richard & Oliver Driver, dau. of Giles Driver.
    1777.   D. B. 13, P. 518.

Williams, Thomas & Mrs. Susannah Davis, R. of John Davis.
    1726.   W. B. 3, P. 37.

Williams, Thomas of N. C. & Mrs. Sarah Warren, R. of Thomas
    1750.   Southampton County D. B. I, P. 81. Warren

Williams, William & Rebecca Eley, dau. of Robert Eley.
  # 1738.   W. B. 4, P. 233. W. B. 6, P. 135.

Williams, William & Mary Drake, dau. of Thomas Drake.
    1757.   Southampton County W. B. I, P. 254.

Williamson, Arthur & Ann Exum, sister of Francis Exum.
    1752.   W. B. 5, P. 451. Southampton Co. W. B. I,
                                                P. 127
Williamson, Francis of N. C. & Susannah Clayton, dau. of John
    1756.   W. B. 6, P. 458. D. B. 8, P. 314. Clayton.

Williamson, George & Hester Bridger, dau. of Joseph Bridger.
    1721.   D. B. 9, P. 172.

Williamson, George & Frances Davis, dau. of Thomas Davis.
    1721.   G. B. 2, P. 114.

Williamson, James & Ann Underwood, sister of William
    1652.   Bk. A. P. 38.   Underwood.

Williamson, Robert & Joan Allen, dau. of Arthur Allen of
    1669.   W. & D. B. 2, P. 85.   Surry County.

Williamson, Thomas & Olive Exum, sister of Francis Exum.
    1752.   W. B. 5, P. 451. Southampton Co. W. B. I,
                                                   P. 127.

Wills, John & Martha Casey, dau. of Richard Casey.
    1745.   W. B. 5, P. 112.

Wills, Miles & Mary Applewhaite, sister of Ann Applewhaite.
    1757.   W. B. 6, P. 312.

Wills, Parker & Esther Pedin, sister of Edmund Pedin.
    1811.   O. B. 1810-13, P. 133.

Wills, Thomas & Ann Moreland, sister of John Moreland.
    1770.   D. B. 12, P. 390.

Wills, Willis & Constance Harrison, sister of Elizabeth
    1798.   W. B. 11, P. 140.   Harrison.

Wilson, Goodrich & Lois Wentworth, dau. of Samuel Went-
    1767.   D. B. 15, P. 140.   worth.

Wilson, James & Mrs. Mary Dickinson, R. of Jacob Dickinson.
    1761.   D. B. 12, P. 260.

Wilson, Josiah of Surry Co. & Mrs Martha Wrenn, R. of
    1782.   W. B. 10, 176.   D. B.15,   Francis Wrenn.
                                 P. 246.

Wilson, Nicholas & Margaret Sampson, dau. of James Sampson.
    1688.   W. & D. B. 2, P. 291.

Wilson, Samuel & Mrs. Margaret Miller, R. of William Miller
    1752.   W. B. 6, P. 13.   O. B. 1759-63, P. 484.

Wilson, Willis & Sarah Blunt, dau. of William Blunt.
    1780.   W. B. 9, P. 45.   O. B. 1780-3, P. 1.

Winborne, John of Nansemond Co. & Phoebe, grand-daughter of
    1751.   D. B. 8, P. 392.   Phoebe Kirle.

Woodley, Tomas & Mrs. Frances Wilson, R. of John Wilson.
    1720.   W. B. 3, P. 121.

Woodside, John of Norfolk & Jane Bird, dau. of Mrs. Eliza-
    1773.   D. B. 13, P. 88.   beth Bird.

Woodward, John George & Esther King, sister of John King.
    1797.   W. B. 11, P. 146.

Woodward, William & Jean Snelley, dau. of John Snelley.
    1765.   W. B. 7, P. 369.   W. B. 8, P. 361.

Woodward, William & Ann Hall, dau. of George Hall.
    1779.   D. B. 14, P. 116.

Wombwell, Joseph & Mrs. Joanna Clark R. of Joseph Clark.
    1763.   O. B. 1759-63, P. 473.

Wombwell, Lemuel & Mrs. Alice Calcote, R. of Harwood
    1802.   O. B. 1801-3, P. 368.   Calcote.

Woory, Joseph & Mrs. Elizabeth Webb, R. of James Webb.
    1693.   W. & D. B. 2, P. 336.

Wootten, Richard & Lucy Council, sister of Hodges Council.
    1730.   D. B. 4, P. 98.

Worrell, Richard & Dorcas Reynolds, dau. of Henry Reynolds.
    1715.   W. & D. B. 2, P. 609.

Worrell, Richard & Honour Marks, dau. of Thomas Marks.
    1771.   Southampton County W. B. 2, P. 466.

Wrenn, Francis & Mrs. Martha Harrison, R. of Henry Harrison.
    1775.   O. B. 1772-80, P. 319.

Wrenn, Josiah & ---- Mallicote, dau. of George Mallicote.
    1798.   W. B. 11, P. 455.

Wrenn, John & Prudence Davis, sister of Thomas Davis.
    1734.   W. B. 4, P. 23.   W. B. 5, P. 233.

Wrenn, Thomas & Catherine Ingram, dau. of Jennings Ingram.
    1771.   D. B. 12, P. 428.

Wright, John & Juliana Williams, sister of Epaphroditus
        1728.   W. B. 3, P. 123.   W. B. 4,   Williams.
                                       P. 422.
Wright, Joseph & Mrs. Mary Benn, R. of Capt. James Benn.
  #   1741.   W. B. 3, P. 340.   W. B. 4, P. 405.

Wright, Thomas & Elizabeth Williams, dau. of John Williams.
    1691.   W. & D. B. 2, P. 317 & 433.   D. B. 1, P. 105

Wright, William & Ann Blunt, dau. of William Blunt.
    1787.   Southampton County, W. B. 4, P. 232.

Wynne, Hugh & Mrs. ---- Cobb, R. of George Cobb.
    1666.   W. & D. B. 1, P. 87.

Additional List of Marriages.

Allen, Edward & Mrs. Elizabeth Driver, R. of John Driver.
1795.   O. B. 1795-97, P. 214.

Askew, William & Elizabeth Wilkinson, dau. of Henry
1721.   G. B. 430.   Wilkinson.

Bennett, John & Sarah Welch, sister of John Welch.
1769.   W. B. 8, P. 61 & 127.

Blunt, William & Molly Woodley, dau. of John Woodley.
1791.   W. B. 10, P. 214.

Boon, James & Sarah Raiford, dau. of William Raiford.
1766.   W. B. 8, P. 269.   D. B. 12, P. 91.

Boon, Ratcliff & Mary Raiford, dau. of William Raiford.
1771.   W. B. 8, P. 269 & 492.

Bowcock, Peter & Jane Abigail Abbington.
1774.   D. B. 13, P. 256.   W. B. 8, P. 526.

Bowen, John Jr. & Mary Warren, dau. of Thomas Warren.
1750.   Southampton Co. D. B. 1, P. 81.

Braddy, William & Catherine Flake, dau. of Robert Flake.
1718.   G. B. 191.   D. B. 6, P. 240.

Britt, Britain & Mrs. Jane Edmunds, R. of James Edmunds.
1797.   (See Marriage Bonds.) O. B. 1795-97, P. 297.
                                O. B. 1797-1801, 1. 146.

Brown, James & Patience Rodway, dau. of John Rodway.
\#   1750.   W. B. 5, P. 427.   D. B. 14 (Rev.), P. 169.

Brown, Thomas & Elizabeth Tynes, sister of West Tynes.
1779.   O. B. 1772-80, P. 473.

Brown, William & Dolly Jordan, dau. of Josiah Jordan.
1786.   W. B. 10, P. 30.

Carr, Dempsey & ---- English, dau. of Mrs. Mary English.
1774.   W. B. 8, P. 475.

Carr, Joshua & Mary Applewhaite, dau. of Arthur Applewhaite.
\#   1779.   W. B. 9, P. 62.   D. B. 15, P. 423.

Carstephen, John & Mrs. Martha Saunders, R. of Henry Saunders.
1773.   W. B. 8, P. 278.

Chappell, James & Elizabeth Briggs, dau. of Henry Briggs.
1721.   D. B. 6, P. 353.   G. B. P. 420.

Clayton, William & Priscilla Briggs, dau. of James Briggs.
1756.   W. B. 6, P. 268.   W. B. 8, P. 504.

Cofer, Thomas Jr. & Elizabeth Womble, dau. of Joseph
    1775. W. B. 9, P. 206. D. B. 13, P.395. Womble.

Croom, Edward & Sarah Richards, dau. of Robert Richards.
    1733. W. B. 3, P. 377. (See Wm. & Mary Q. 2nd S. Vol. 10, P. 257).

Collins, John & Mary Skinner, (Widow).
    1680. W. & D. B. I, P. 439 & 443.

Cutchins, Joseph & Priscilla Pitt, dau. of John Pitt.
    1775. W. B. 7, P. 61. D. B. 15, P. 308, 315, 328 & 221.

Darden, Power & Mrs. Mourning Burk, R. of John Burk.
    1760. O. B. 1759-63, P. 138.

Dick, David & Ann Woddrop, sister of Alexander Woddrop.
    1795. O. B. 1795-97, P. 7.

Edmunds, James & Mrs. Jane Norsworthy, R. of John
    1795. W. B. 10, P. 322.   Norsworthy.
    O. B. 1795-97, P. 297. O. B. 1797-1801, P. 27.

Edwards, Hezekiah & Mary Smith, sister of Virgus Smith.
    1774. W. B. 8, P. 328.

Fulgham, Allen & Nancy Fulgham, dau. of Edmund Fulgham.
    1798. O. B. 1797-1801, P. 320.

Garrett, Lazarus & Elizabeth Shivers, dau. of Robert Shivers.
    1750. Southampton Co. D. B. I, P. 87.

Gray, Henry & Conny Womble, dau. of Britain Womble.
    1797. O. B. 1795-97, P. 523.

Gwaltney, Thomas of N. C. & Martha Goodman, dau. of William
    1737. D. B. 5, P. 111. D. B. 10, P. 68. Goodman.

Hancock, James & Chacey Womble, dau. of Britain Womble.
    1797. O. B. 1795-97, P. 523.

Harris, Michael & Sarah Cook, sister of John Cook.
    1762. W. B. 8, P. 457.

Harrison, Sampson & Comfort Jones, sister of Willis Jones.
    1795. O. B. 1795-97, P. 37.

Hough, James of Gloucester Co. & Martha Holleman.
    1763. Southampton Co. W. B. 2, P. 136. D. B. 14, P. I.

Howard, William & Elizabeth Emson, dau. of Thomas Emson.
    1678. W. & D. B. 2, P. 160.

Hunter, Joshua & Mary Covington Gross, dau. of Thomas Gross.
    1742. W. B. 4, P. 426. D. B. 9, P. 259.

Jordan, John & Elizabeth Wainwright, sister of William Wain-
    1769. W. B. 8, P. 204. W. B. 10, P.187. wright.

Jordan, William & Mrs. Martha Marshall, R. of Robert
    1797. O. B. 1797-1801, P. 23.   Marshall.
             (See Marriage Bonds).

Joyner, Bridgeman & Deborah Hardy, dau of John Hardy.
    1713. D. B. 2, P. 306. W. & D. B. 2, P. 146, 166
                   & 590.

King, Henry & Martha Norsworthy, sister of Tristram
    1767. W. B. 8, P. 186.   Norsworthy.

Lain, Benjamin & Ann Drew, dau. of Edward Drew.
    1745. Southampton Co. W. B. I, P. 8.

Levy, Lazarus & Mrs. Keziah Mallory Harvey, dau of John
    1796. (See Marriage Bonds).   Mallory.
        W. B. 10, P. 128. O. B. 1795-97, P. 471.

Levy, Lazarus & Mrs. Sarah (Hodsden) Drummond, R. of
    1795. William Hodsden. (See Marriage Bonds).
        O. B. 1797-1801, P. 21 & 278.

Little, James & Harty Womble, dau. of Britain Womble.
    1797. O. B. 1795-97, P. 523.

Loyd, Thomas & Patience Exum, dau. of Thomas Exum.
    1748. D. B. 8, P. 186.

Marshall, Robert & Martha Watson, dau. of James Watson.
    1796. O. B. 1795-97, P. 481. O. B. 1797-1801, P. 23.

Marston, John & Mrs Susannah Dunlop, R. of Archibald
    1795. O. B. 1795-97, P. 73.   Dunlop.

Mercer, Robert & Mrs. Elizabeth Duke, R. of John Duke.
\#   1689. D. B. I, P. 25 & 88.

Murrell, George of N. C. & Mary Mayo, dau. of William Mayo.
\#   1754. D. B. 9, P. 209. D. B. 6, P. 206.

Newby, Thomas & Mary Lawrence, dau. of John Lawrence.
    1772. W. B. 8, P. 151. O. B. 1772-80, P. 339.

Norsworthy, Tristram & Mrs. Anne Godwin, R. of Edmond
    1798. O. B. 1797-1801, P. 396.   Godwin.

Phillips, Mark & Elizabeth Bowles.
    1796. O. B. 1795-97, P. 360.

Pleasants, William & Martha Barlow, sister of Sampson
    1798. O. B. 1797-1801, P. 347.   Barlow.

Pope, Hardy & Sally Westray, dau. of Robert Westray.
    1798. O. B. 1797-1801, P. 389.

Pope, John & Elizabeth Powell, dau. of William Powell.
    1749. D. B. 8, P. 265.

Provans, Hugh & Ann Smelly, dau. of John Smelly.
   1775. W. B. 8, P. 361. W. B. 7, P. 369.

Revell, John & Sarah Faircloth, dau. of William Faircloth.
   1731. D. B. 4, P. 129.

Rogerd, John of N. C. & Bridgett Cook, sister of Isaac Cook.
\#   1722. G. B. 1. 500. W. B. 3, P. 63.

Saunders, Elias & Martha Watkins, dau. of Jesse Watkins.
   1795. O. B. 1795-97, P. 19.

Shelly, John & Patsey Webb, dau of Mathais Webb.
   1797. O. B. 1795-97, P. 522. W. B. 9, P. 302.

Smith, Thomas & Elizabeth Woddrop, sister of Alexander
   1795. O. B. 1795-97, P. 7.   Woddrop.

Southall, James B. & Mary Whitfield, dau. of Thomas
   1799. O. B. 1797-1801, P. 557 & 563. Whitfield.

Stephenson, Edmund & Sally Britt, dau. of Benjamin Britt.
   1783. Southampton Co. W. B. 4, P. 95.

Stephenson, John & Catherine Wiggs, dau. of Henry Wiggs.
   1729. W. B. 3, P. 184. J. B. 4, P. 162.

Watson, Michael & Bathsheba Holland, sister of Elijah
   1795. O. B. 1795-97, P. 20.   Holland.

Williams, John & Mrs. Elizabeth Taberer Copeland, dau. of
   1696. D. B. 1, P. 223.   Thomas Taberer.
   W. & D. B. 2, P. 350.

Williams, John & Rose Michaels, dau. of John Michaels.
   1795. O. B. 1795-97, P. 21. W. B. 10, P. 276.

Wills, Moses & Patience Chapman, dau. of John Chapman.
   1736. W. B. 4, P. 183. (See Wm & Mary Q. 2nd S.
             Vol. 10, P. 256.)

Whitfield, Wilson & Mrs. Frances Miller, R. of Robert Miller.
   1780. O. B. 1795-97, P. 359. W. B. 9, P. 57.

Woodson, Joseph of Henrico Co. & Elizabeth Murry, dau. of
   1724. G. B. 2, P. 166. D. B. 4, P. John Murry.
             354.

Wrinkle, Britain & Harty Casey, dau. of Nicholas Casey.
   1763. W. B. 7, P. 244. O. B. 1795-97, P. 523.

Wombwell, Thomas & Elizabeth Wood, dau. of John Wood &
\#   daughter-in-law of Thomas Taberer.
   1696. W. & D. B. 2, P. 275 & 350.
     Minute Book- Lower Virginia Meeting, P. 73.

MARRIAGE BONDS.

Addison, William & Nancy Gray.   August II, 1800.

Allmond, James & Mary Morrison.   February I, 1791.
     Surety, - James Young.

Allmond, William & Elizabeth Toller.   December 26, 1795.
     Surety, - James Garner.

Applewhaite, John & Martha Wills.   August 7, 1783.
     Surety, - Mills Wills.

Applewhaite, Josiah & Polly Gibbs (alias Whitfield)
     Surety, - Joseph Driver.   December 4, 1787.

Armstrong, John & Unity Brantley.   October 21, 1787.
     Surety, - Lemuel Godfrey.

Askew, Aaron & Elizabeth Newman.   August 6, 1792.
     Surety, - Joseph Matthews.

Askew, Jonas & Polly Garner.   July 14, 1791.
     Surety, - Joseph Matthews. Witness, - Benjamin Beal.

Askew, Mills & Nancy Newman.   February 17, 1800.
     Guardian, - William Godfrey.

Atkinson, James & Martha Applewhaite.   March 27, 1790.
     Guardian, - Arthur Applewhaite.

Atkinson, James & Milly Mallicote. (Widow.)
     Surety, - William Atkinson.   January 24, 1792.

Atkinson, Jesse & Mary Ward.   August 25, 1791.
     Surety, - Francis Young.

Atkinson, John & Elizabeth Gale.   April 27, 1798.
     Surety John Parker.

Babb, William & Silvia Baldwin.   June 5, 1783.
     Surety, - William Baldwin. Witness, - Francis Young.

Babb, William & Nancy Harrell.   February 3, 1796.
     Surety, - Richard Outland.

Bagnall, William & Matilda Dowty.   August 29, 1791.
     Surety, - Addison Dowty.

Bailey, Lemuel & Betsey Elliott.   May II, 1791.
     Surety, - Willis Jones. Witness,- Francis Young Jr.

Bains, George & Martha W. Reynolds.   November --, 1787.
     Surety, - Charles Groce. Guardian, - James Wills.

Bains, Henry & Fanny Channell.   June 4, 1793.
   Surety, Joshua Hunt.   Consent of Mildred Channell.

Baker, Joseph & Jemima Stringfield.   March 22, 1796.
   Surety, Joseph Stringfield.   Parent, James Stringfield.

Baldwin, William & Ann Babb.   June 5, 1783.
   Surety, William Eley.   Witness, Francis Young.

Ballard, Andrew & Lydia Eley.   October 5, 1795.
   Surety, William Eley.   Parent, Milly Eley.

Banks, Benjamin & Nancy Jones.   July 13, 1793.
   Surety, Francis Young Jr.   Witness, Willis Jones.

Banks, Nathaniel & Elizabeth M. Willis.   July 20, 1795.
   Surety, Davis Jones.

Barlow, Benjamin & Frances Jones.   January 21, 1792.
   Surety, David Jones.

Barlow, James & Mary Gibbs.   February 7, 1792.
   William Patterson, father-in-law.

Barlow, John & Sally Wrenn.   September 7, 1795.
   Parent, Josiah Wrenn.   Thomas Barlow, uncle of John Barlow.   Witness, Mathew Cofer.

Barlow, Sampson & Lucy Barlow.   September 15, 1798.
   Surety, James Barlow.

Barraud, Phillip, Doctor of Physick, from the City of Williamburg & Anu H------.   July 23, 1783.
   Surety, Thomas Pierce.   Witness, Thomas Pierce Jr. & Samuel Brown.

Bass, Thomas & Sarah English   January 25, 1788.
   Surety Francis Vaughan.   Parent, William English.

Batten, Samuel & ---- Mercer.   November 6, 1797.
   Surety, Allen Johnson.   Parent James Mercer.

Beal, Elias & Amey Carr.   May 3, 1790.
   Surety, Thomas Johnson.   Consent of Elizabeth Carr & Priscilla Beal.

Beatman, John & Tabitha Whitley.   June 4, 1793.
   Surety, Henry Howard.

Bell, Micajah & Frances Mangam.   April 19, 1800.
   Surety, Patrick Gwaltney.

Bennett, James & Ann Wright.   June 22, 1795.
   Surety, John Dobbs.

Bennett, William & Ann Edwards.   November 23, 1793.
   Surety, Mathew Turner.

Best, Thomas & Polly Shivers   March 20, 1793.
    Surety, William Shivers.

Bidgood, Benjamin & Mary Davis.   October 5, 1796.
    Surety, Josiah Davis.

Bidgood, James & Mary Dews.   November 21, 1792.
    Surety, John Peirce.

Bidgood, Samuel & Mary Carrell.   April 6, 1787.
    Surety, John Murry.

Bland, Thomas & Mary Wller, (Widow) December 2, 1791.
    Surety, Francis Young. Parent, Britton Wombwell.
    Witness, Edmund Mason.

Bolds, Thomas & Mrs. Leodowick Smith. March 19, 1800.

Bones, Sampson & Dolly Bowzer.   June 1, 1787.
    Surety, Scott Hollowell. Witness, Bennett Young.

Boon, Sion & Nancy W. Kemp.   January 7, 1793.
    Surety, William Eley.

Borland, (Balding) John & Elizabeth McCoy. May 5, 1783.
    Surety, Samuel McCoy.

Bowen, George & Anna Fatheree.   September 29, 1783.
    Surety, Fairfax Fatheree.

Boyce, Daniel & Peggy Mangam.   March 29, 1783.
    Surety, Francis Young. Parent, Micajah Mangam.
    Witness, Josiah Mangam, Emanuel Hunter & Francis
                                                Young Jr.

Boyd, Thomas & Milly Hutchings.   April 28, 1788.
    Surety, John Deford. Witness, Francis Young.

Boykin, William & Wilmuth Jordan.   March 14, 1798.
    Surety, William Patrick.

Bradley, Abraham & Ann Wilson.   February 23, 1791.
    Surety, James Wilson.

Bradley, David & Elizabeth Harrison, (Widow). May 30, 1791
    Surety, Harwood Callcote.

Bradshaw, Elias & Isabel McIntosh. March 2, 1795.
    Surety, Jonas Bradshaw.

Brantley, Davis & Elizabeth Harrison. May 1, 1791.

Brantley, Thomas & Mary Lupo.   December 24, 1792.
    Surety, Valentine Brantley.

Brantley, Thomas & Rebecca Outland, (Widow). January 6,
    Surety, James Barlow.   1798.

Braswell, George & Conny Cofer. January 21, 1791.
　　　Surety, Francis Young.

Bridger, James Allen & Isabel Whitehead. January 29, 1783.
　　　Surety, Robert Watkins. Witness, Francis Young & William Bridger.

Bridger, James & Betsey Herring. September 4, 1797.
　　　Surety, Allen Fulgham. Witness, Elias Herring.

Bridger, John & ---- Powell. February 7, 1784.
　　　Surety, John Godwin. Witness, Francis Young.

Britt, Britton & Jenny Edmonds. February 6, 1797.
　　　Surety, Joseph Britt. Britton Britt from Southampton Co.

Britt, James & Elizabeth Harris. September 26, 1737.
　　　Surety, Thomas Bounds.

Broadfield, Charles & Catherine Penny. January 15, 1783.
　　　Surety, Thomas Wills. Witness, Francis Wills.

Broadfield, John & Sarah Smith. October 8, 1784.
　　　Surety, Lemuel Lightfoot. Consent of Jonathan Godwin.

Brock, William & Mary Brister. June 10, 1800.
　　　Surety, James Deford.

Brown, G. A. & Abby Tucker. March 7, 1795.
　　　Surety, Edward Wright. Parent, Caty Tucker.

Brown, John Jr. & Emily Whitley. October 6, 1798.
　　　Surety, John Giles.

Brown, Joseph & Catherine Parnall. May 18, 1737.
　　　Surety, Samuel Bradley.

Bryant, Charles & Charlotte Stuckie. June 15, 1795.
　　　Guardian, William Bryant.

Bryant, William & Elizabeth Stuckie (Widow). September 27, 1791.
　　　Surety, Thomas Flint.

Bullock, Obadiah & Mary Johnson. July 31, 1795.
　　　Surety, Thomas Johnson.

Butler, Jacob & Patience Turner. March 7, 1796.
　　　Surety, John Holland.

Butler, Solomon & Polly Rawles. January 5, 1795.
　　　Surety, Willis Lankford.

Butler, Stephen & Juliet Holland. October 27, 1796.
　　　Surety, Eley Johnson.

Butler, Willis, & Elizabeth Johnson. March 20, 1790.
　　　Surety, Eley Johnson. Parent, Stephen Butler Michael & Elizabeth Johnson.

Campbell, William & Nancy Wail.   December 6, 1796.
    Surety, William Coffield. Consent of Nancy Wail.

Carr, Jacob & Elizabeth Bradshaw.   April 17, 1783.
    Surety, John Darden Jr. Witness, Francis Young.

Carr, Robert & Ann Holleman.   August 17, 1795.
    Surety, Benjamin Brock. Parent, Elizabeth Holleman.
    Witness, James Young.

Carr, Solomon & Nancy Davis.   July 24, 1798.
    Surety, Thomas Davis. Parent, Edward Davis.

Carr, William & Rebecca Daniel   April 6, 1795.
    Surety, Jonas Bradshaw.

Carrell, Thomas & Julia Uzzell.   September 6, 1790.
    Surety, John Pinhorn.

Carrell, William & Charity Wombwell. December 6, 1795.
    Surety, James Carrell. Witness, Edwin Wombwell.

Carson, Richard & Elizabeth Holland. January 9, 1792.
    Surety, Jobe Holland.

Carstaphen, Perkins & Elizabeth Saunders. March 17, 1788.
    Surety, Henry Saunders.

Carter, John (Cabinet Maker) & Mary Smith. May 24, 1773.
    Surety, Josiah Parker. Parent, Joseph Smith Jr.
    Witness, Arthur Smith & John Goodrich.

Casey, James & Betsey Whitley.   March 1, 1792.
    Surety, Nathan Whitley. Witness, Edmund Mason.

Casey, Thomas & Celia Wallace.   December 23, 1791.
    Surety, John Atkins.

Cawson, John & Martha Casey (Widow). January 14, 1783.
    Surety, Wilson Whitfield. Witness, Francis Young.

Chapman, Hardy & Sally Johnson.   February 3, 1793.
    Surety, Richard Chapman. Parent, James Johnson.

Chapman, Lewis & Lucy Mangam.   January 30, 1790.
    Surety, Francis Young. Parent, Micajah Mangam.
    Witness, Samuel Mangam & Josiah Mangam.

Clark, John & Peggy Norseworthy.   October 7, 1786.

Clark, John & Anne Godwin.   June 4, 1793.
    Surety, Mills Wills.

Clark, John & Betsey Hudson.   June 5, 1797.

Clark, Lemuel & Mary Williams.   January 29, 1795.
    Surety, David Jones.

Clark, William & Sally Gwaltney.   December 14, 1790.
    Surety, Patrick Gwaltney.

Clayton, James & Elizabeth Uzzell.   October 11, 1793.
    Surety, Seth Hunter.

Clements, George & Charlotte Marshall.   November 25, 1798.
    Surety, Francis Young.

Cocke, Richard H. & Charlotte Mackie.   October 25, 1798.
    Surety, Francis Young.

Cocke, William & Elizabeth Mackie.   December 4, 1793.
    Surety, Robert Taylor.   Parent, Martha Mackie.

Coggan, Henry & Elizabeth Briggs.   December 3, 1792.
    Surety, William Carstaphen.

Cook, John & Rachel Green.   February 21, 1795.
    Surety, William Green.

Cook, Robert Newton & Elizabeth Norseworthy.   July 24, 1792.
    Surety, Andrew Bryan.

Copeland, Isham & Charlotte Fulgham   February 17, 1792.
    Surety, Ralph West.   Consent of George Benn.

Corbell, Richard & Ada Stoakley.   March 31, 1796.
    Surety, Scarsbrook Godwin.   Guardian, Ismiah Pitt.

Corbell, Willis & Nancy Jarvis.   November 5, 1788.
    Surety, Ismiah Pitt.   Witness, Betsey Pitt.

Corbett, & Elizabeth Coffield.   November 27, 1783.
    Surety, William Inglish.   Consent of Elizabeth Coffield, Samuel Corbett & Jule Corbett.

Cornwell, William & Diana Moody.   August 3, 1795.
    Surety, Joseph Moody.   Witness, James Young.

Council, Joshua & Peggy Berkley (Bunkley).   September 30, 1793.
    Surety, Benjamin Eley.

Council, Miles & Elizabeth Eley.   May 28, 1784.
    Parent, Robert Eley.

Crocker, Drury & Lucy Barlow.   February 12, 1793.
    Surety, Benjamin Hicks.   Consent of Anthony Crocker & George Barlow.

Crocker, Milner & Mary Chapman.   February 4, 1800.
    Surety, Samuel Woodley.   Parent, Benjamin Chapman.

Crocker, William & Elizabeth Allen.   February 4, 1790.
    Surety, James Wills.

Crumpler, John & Betsey Marshall.   February 3, 1790.
    Surety, James Holland.   Consent of Dempsey Marshall.

Cutchin, Josiah & Ann Hall.   June 30, 1787.
    Parent, Thomas Hall.

Daniel, Elias & Patsey Coggan.   January 2, 1792.
    Surety, Hardy Chapman.

Daniel, Giles & Mary Jordan.   January 12, 1790.
    Surety, Joseph Godwin. Witness, Thomas Hall.

Daniel, Mills & Mary Whitehead.   December 17, 1787.
    Surety, Jesse Whitehead. Elizabeth Britt, Mother of Mary.

Darby, George & Juliana Williams.   October 2, 1798.
    Surety, Henry Bain.

Darden, Dempsey & Polly Swann Eley.   March 2, 1793.
    Surety, Henry Saunders. Parent, Robert Eley.

Darden, John & Patience Watkins.   August 7, 1788.
    Surety, John Watkins.

Darden, John Jr. & Elizabeth Holland.   April 9, 1788.
    Surety, John Darden, son of Hardy. Consent of Benjamin Holland.

Darden, Mills & Pamelia Lawrence.   July 18, 1795.
    Surety, James Wills. Consent of Mills Lawrence.

Darden, Thomas & Barsheba Wills.   January 7, 1792.
    Surety, Miles Wills Jr. Parent, John Scarsbrook Wills.

Daughtrey, David & Agatha Council.   February 10, 1787.
    Surety, Amos Council. Parent, Scutchins Council.

Daughtery, Elisha & Sally Duck.   January 27, 1791.
    Surety, John Duck.

Davis, Darden & Elizabeth Carr.   January 24, 1798.
    Surety, Joseph Atkins.

Davis, James & Mary Hadley.   February 1, 1778.
    Surety, Benjamin Chapman. Parent, Ambrose Hadley.

Davis, John & Mary Uzzell.   September 14, 1791.
    Surety, Edward Davis.

Davis, Josiah & Polly Thomas   December 21, 1790.
    Surety, James Wills.

Davis, William & Catey Whitfield (Widow). February 7, 1783
    Surety, Richard Hardy.

Dews, Thomas & Charlotte Wombwell.   January 9, 1792.
    Surety, William Wombwell. Parent, Britton Wombwell.

Dickinson, Jacob & Millie Richards.   November 16, 1772.
    Surety, Miles Wills. Witness, Emanuel Wills & William
                                                    Bailey Jr.
Dickinson, Jacob & Mary Whitfield.   December 3, 1791.
    Surety, Edmond Godwin. Witness, Francis Young Jr.

Digges, Cole & Mary Robinson Purdie.   June 10, 1784.
    Surety, Sampson Wilson. Witness, Francis Wills.

Dixon, Murphy & Lydia Hail.   April 2, 1792.
    Surety, Horatio Green.

Dixon, William & Elizabeth Pope.   December 27, 1790.
    Surety, Joseph Everett.

Dobbs, John & Caty James.   October 12, 1797.
    Surety, James Pyland & John Shelly.

Dowty, Addison & Elizabeth Pitman.   January 27, 1791.
    Surety, Josiah Bidgood.

Drew, Dolphin & Peggy Jordan.   January 1, 1791.
    Consent of Richard Jordan.

Driver, Joseph & Priscilla Whitfield.   January 26, 1790.
    Surety, Richard Williams. Witness, Edmond Mason.

Duck, Josiah & Sarah House.   January 2, 1792.
    Surety, George Lankford.

Duck, William & Holland Duck.   January 7, 1790.
    Surety, Mills Carr.

Duff, William & Ann Wright.   April 13, 1792.
    Surety, Bennett Young.

Duggin, Joshua & Sally Jolliff.   January 21, 1790.
    Surety, Samuel Smith. Witness, Lemuel Lightfoot.

Edwards, Davis & Chloete Chapman.   December 22, 1790.
    Surety, Wiggs Chapman. Parent, John Chapman Sr.
    Witness, Francis Young.

Edwards, George & Elizabeth Smith.   June 27, 1795.
    Surety, Robert Nicolson. Witness, William Hamilton.

Edwards, Henry & Nancy Harrison.   April 2, 1792.
    Surety, Patrick Gwaltney.

Edward, John & Anna Copher.   March 5, 1798.
    Surety, James Gwaltney, guardian of Anna Copher.

Edwards, J'Anson & Sally Hardy.   February 1, 1796.
    Surety, Joseph Stallings.

Edwards, Shelton & Angelina Gray.   January 4, 1792.
    Surety, Benjamin Ward.

Eley, John & Honour Beal.   May 3, 1790.
    Surety, Robert Beal.

Eley, John & Sally Watkins.   November 24, 1792.
    Surety, Mills Eley. Consent of Robert Watkins.

Eley, Robert & Jemima Johnson.   April 15, 1784.
    Surety, John Darden. Witness, Francis Young.
    Parents, Elizabeth & Michael Johnson.

Elsberry, Thomas & Marth Powell.   November 12, 1796.
    Surety, Henry Pruden.

English, John & Priscilla Coffield.   September 6, 1787.
    Surety, John English.

Everett, Michael & Peggy Jordan Cowling.   January 7, 1790.
    Surety, Thomas Cowling. Witness, Francis Young.

Everett, Thomas & Martha Wills.   May 24, 1783.
    Parent, Miles Wills. Witness, Francis Young Jr.

Everett, Thomas & ---- Matthews.   November 20, 1800.
    Surety, John Giles. Parent, Joseph Mathis
                                      (Matthews).

Farrow, John & Tabitha Brown.   April 10, 1792.
    Surety, John Brown.

Fife, Mallachi & Mary Hawkins.   December 4, 1788.
    Surety, Samuel Holladay.

Fitzpatrick, Farrow & Elizabeth Brock.   November 2, 1773.
    Surety, Joseph Chapman.

Fletcher, James & Nancy Segar.   April 14, 1798.
    Surety, William Segar.

Flint, Thomas & Elizabeth Godwin.   February 17, 1792.
    Surety, Robert Nicholson. Parent, Silvia Godwin.

Flood, Thomas & Elizabeth Gale.   January 9, 1787.
    Surety, Edward Davis.

Fowler, James & Mourning Carr.   December 10, 1787.
    Surety, Samuel Fowler.

Fulgham, Jeremiah & Elizabeth Gray.   May 5, 1788.
    Surety, Hugh Montgomery. Witness, Samuel & John
                                              Womble.

Fulgham, John & Holland Jones.   May 1, 1797.
    Witness, Samuel Britt.

Fulgham, Mathew & Rebecca Westray.　　　February 5, 1793.
　　Surety, Jeremiah Westray.

Gabriel, John Francis & Pamelia Smith.　　April 3, 1787.
　　Surety, Thomas Pierce.

Gale, John & Chloe Babb.　　　　　　　　September 27, 1783.
　　Surety, William Baldwin, father-in law of Chloe Babb.

Gale, Thomas & Chloe Fatherlie　　　　　September 6, 1790.
　　Surety, Joseph Everett.

Gale, Thomas & Patsey Gale　　　　　　　January 2, 1795.
　　Surety, Henry Pruden.

Gale, Thomas & Peggy Spencer.　　　　　 May 26, 1800.
　　Surety, Samuel Everett. Witness, Jethro Gale & Henry Saunders.

Gale, Thomas Whitney & Sarah Davis (Widow). February 1, 1787.
　　Surety, Edward Davis.

Garner, James & Sally Parnall.　　　　　December 21, 1792.
　　Surety, Willis Parnall.

Garner, Joseph & Sally Al------.　　　　December 22, 1797.
　　Surety, William Allmond.

Garner, Mathew & Elizabeth Daughtry (Widow). November 29, 1783.
　　Surety, James Vaughan. Witness, Francis Young.

Garner, Mathew & Peggy Vaughan.　　　　February 20, 1796.
　　Surety, Mathew Daughtry. Parent, Adah & Uriah Vaughan.

Garner, Thomas & Mary Hall.　　　　　　January 5, 1787.
　　Surety, Jonas Askew.

Garton, William & Mary Hodsden.　　　　January 20, 1793.
　　Surety, William Malcolm.

Garton, William & ------------.　　　　August 12, 1797.
　　Surety, Richard Taylor.

Gaskins, Thomas & Milly Fulgham.　　　　November 15, 1787.
　　Surety, Henry Fulgham.

Gay, Allen & Elizabeth Powell.　　　　　January 5, 1793.
　　Parent, William Powell.

Gay, Everett & Susanna Best.　　　　　　January 30, 1796.
　　Surety, Richard Chapman.

Gibbs, Gabriel & Elizabeth Wills (Widow) February 15, 1798.
　　Surety, James Barlow.

Gibbs, John & Polly Driver. December 8, 1791.
    Surety, Dolphin Driver. Parent, Robert Driver.

Giles, John & Tabitha Pinner. August 1, 1796.
    Surety, Barnaby Beal.

Godfrey, William & Patsey Newman. December 6, 1792.
    Parent, Thomas Newman.

Godwin, Edmund & Holland Wills. September 19, 1788.
    Surety, Francis Young. Parent, John Scarsbrook Wills.

Godwin, Edmund & Susanna Gray. May 2, 1800.
    Surety, William Bagnall. Parent, Elizabeth Gray.

Godwin, Elisha & Elizabeth Stoakley. July 28, 1795.
    Surety, Robert R. Read. Guardian, Ishmiah Pitt.

Godwin, George & Pamelia Pope. December 19, 1795.
    Surety, Joseph Godwin. Parent, Sweeting Pope.

Godwin, James & Elizabeth Godwin. September 15, 1796.
    Surety, Burgh Godwin. Guardian, Roland Reynolds.

Godwin, Jonathan & Patsey Holladay. April 30, 1800.
    Surety, Stephen Smith.

Godwin, Joseph & Letitia Williams. September 6, 1790.
    Surety, Josiah Cutchins.

Godwin, Joseph & Nancy Smith. September 14, 1795.
    Surety, William Rand Smith. Guardian, James Pitt.

Godwin, William & Patsey Bunkley. August 9, 1800.
    Surety, Richard Williams. Parent, Sally Bunkley.

Godwin, Willis & Sally Daniel. July 14, 1798.
    Surety, Giles Daniel.

Godwin, Wright & Polly Godwin. February 27, 1793.
    Surety, Robert R. Read. Guardian, Roland Reynolds.

Goodrich, George & Nancy Turner. October 19, 1792.
    Surety, William Goodrich. Parent, Martha Turner.

Goodrich, William & Polly Duggin. March 24, 1792.
    Surety, Joshua Duggin.

Goodson, Nicholas & Elizabeth Bullock. December 20, 1792.
    Surety, John Goodson.

Goodson, Willis & Peggy Moore. August 23, 1798.
    Surety, Nicholas Goodson.

Gray, James & Esther Pitt. March 1, 1798.
    Surety, Francis Young. Parent, Elizabeth Pitt.

Gray, James & Sally Godwin Wills.   December 17, 1791.
    Surety, Miles Wills. Witness, Edmund Mason.

Gray, Jesse & Martha Davis.   December 20, 1787.
    Surety, John J. Wheadon.

Gray, Joseph & Sally Mister.   March 7, 1791.
    Surety, Josiah Applewhaite.

Gray, Joseph & Frances White.   May 7, 1792.
    Surety, William Waltham.

Gray, Josiah & Marth Everett (Widow).   October 21, 1791.
    Surety, Miles Wills.

Gray, Nathaniel & Lydia Driver.   October 7, 1790.
    Surety, Ralph West. Consent of James Morrison.
    Witness, Edmund Mason.

Gray, Samuel & Mary Mangam.   January 22, 1790.
    Surety, Richard Mangam. Parent, Micajah Mangam.
    Witness, Edmund Mason, & Francis Young Jr.

Gray, Willis & Frances Crocker.   January 23, 1796.
    Surety, Joseph Parnall, father-in-law to Frances.

Grayham, Thomas & Sarah Barmer.   August 23, 1792.
    Surety, Edward Brown.

Green, Horatio & Mary Howell.   January 26, 1788.
    Surety, Samuel Bradley.

Groce, Charles & Sally Smelly.   August 19, 1790.
    Surety, Josiah Davis.

Groce, William & Sarah Frizzell.   August 31, 1787.
    Surety, Ralph West.

Gwaltney, Simmons & Sally Holleman.   April 1, 1793.
    Surety, Jesse Holleman.

Gwin, Solomon & Honour Duck.   November 6, 1796.
    Surety, Thomas Johnson. Witness, Abraham Carr.

Haile, Thomas & Mary Davis.   March --, 1787.
    Surety, Michael Norsworthy.

Hall, George & Priscilla Garner.   November 7, 1796.
    Surety, Thomas Garner.

Hall, Isaac & Elizabeth Quay (Widow).   May 23, 1795.
    Surety, John Jordan.

Hall, Thomas & Elizabeth Goodson (Widow).   February 6, 1796.
    Surety, John Hall.

Hamilton, William & Lucy Lee.   July 17, 1784.
    Surety, Stephen Garton. Witness, David & Francis
                                                  Young Jr.
Hampton, Elijah & Chloe Howell.   April 28, 1795.
    Surety, Samuel Everett. Witness, Samuel Hampton.

Hampton, Samuel & Patsey Howell.   July 19, 1790.
    Surety, James Beal.

Hancock, John & Nancy Williams.   May 16, 1793.
    Surety, Thomas Hancock. Parent, Richard Williams.

Hardy, William & Sarah Derring (Widow). December 18, 1792.
    Surety, ----- Young.

Harris, James & Sally Westray.   December 22, 1797.
    Surety, Mills Westray.

Harris, William & Sweeting Duke.   October 24, 1788.
    Surety, Joseph Clark. Witness, Francis Young Jr.

Harris, William & Mary Jordan.   September 20, 1790.
    Surety, John Chapman. Witness, John Hancock.

Harrison, Henry & Elizabeth Casey.   July 14, 1798.
    Surety, Thomas Casey.

Harrison, John & Nancy Jordan.   January 2, 1784.
    Surety, James Young. Parent, Martha Jordan.

Hart, Edwin & Elizabeth Daughtrey.   May 11, 1796.
    Surety, James Johnston.

Harvey, James & Sally Godfrey.   August 20, 1793.
    Surety, Charles Godfrey. Parent, Lemuel Godfrey.

Hatchell, William & Holland Lawrence. December 6, 1787.
    Surety, Nathaniel Vellines.

Hawkins, Samuel & Sally Parker.   June 27, 1783.
    Surety, Joseph Parker. Parent, Thomas Parker.
    Witness, Benjamin Hawkins & Francis Young.

Heath, Isaiah & Rebecca Uzzell.   May 5, 1795.
    Surety, Thomas Joyner.

Heath, Robert & Rosey Dowty.   September 3, 1793.
    Surety, James Pyland.

Hedgpeth, Elisha & Chasty Duck.   September 21, 1793.
    Surety, Charles Roundtree. Consent of John Duck &
    wife Mary, & Henry Hedgpeth & wife Elizabeth.
    Witness, Elisha Owen.

Hilton, John & Peggy Robertson.   March 26, 1791.
    Surety, Patrick Ronaldson.

Hobbs, Peter & Charlotte McCoy.　　　January 18, 1787.
　　Surety, Samuel McCoy.

Hockaday, John & Mary Orr.　　　January 23, 1793.
　　Surety, Francis Young Jr. Witness, Thomas Pierce.

Holladay, Anthony & Ann Godfrey.　　　June 8, 1787.
　　Surety, Francis Young. Parent, Samuel Godfrey.

Holladay, Hezekiah & Prudence Williams (Widow). December 13,
　　Surety, Thomas Hancock.　　　　　　　　　　　1796.

Holladay, Josiah & Martha Daniel.　　　December 24, 1792.
　　Surety, Giles Daniel.

Holladay, Mills & Martha Wrenn.　　　November 2, 1791.
　　Surety, James Young.

Holladay, Samuel & Mary Harvey.　　　December 18, 1797.
　　Surety, Hezekiah Holladay, father-in-law of Mary.

Holladay, Thomas & Tempy Bridger.　　　January 5, 1795.
　　Surety, Elias Herring. Guardian, Simon Boykin.
　　Witness, J. S. Bridger.

Holland, Jacob & Tempy Johnson　　　February 15, 1800.
　　Surety, Eley Johnson.

Holland, James & Polly Harris.　　　October 16, 1790.
　　Surety, Lewis Harris. Witness, Peyton Young.

Holland, John & Milla Roberts.　　　March 16, 1796.
　　Surety, John Saunders.

Holleman, Arthur & Sally Applewhaite.　April 30, 1800.
　　Surety, Francis Young. James Atkinson, guardian to
　　　　　　　　　　　　　　　　　　　　　　　　　　Sally.
Holleman, John & Nancy Thomas.　　　December 5, 1797.
　　Surety, Phillip Thomas. Parent, John Thomas.
　　Witness, Jesse Thomas.

Holmes, Joseph & Mary Lawrence (Widow). August 5, 1793.
　　Surety, James Johnson. Witness, E. Mason.

Holsford, Willis & Elizabeth Whitley.　　March 28, 1793.
　　Surety, Joseph Moody.

Howard, Henry & Elizabeth Whitley.　　　December 6, 1798.
　　Surety, Francis Young.

Hunter, Seth & Elizabeth ------.　　　February 11, 1791.
　　Surety, John Provan.

Hutchinson, John & Peggy James (Widow). July 3, 1793.

Jacobs, Thomas & Ann Mary Pitt.   October 13, 1788.
    Surety, Abel James Jr.

James, Abel Jr. & Cornelia Kepps.   October 13, 1788.
    Surety, Thomas Jacobs.

James, Elias & Cittey Norsworthy.   July 4, 1783.

Jefferson, Samuel & Temperance Wombwell. October 5, 1795.
    Surety, Thomas Dews. Parent, Britton Wombwell.

Jemacia, Henry & Keziah Garner.   December 29, 1796.
    Surety, James Garner.

Johnson, Jacob & Patience Holland.   November 17, 1796.
    Surety, Eley Johnson.

Johnson, James & Mary Chappell.   January 7, 1790.
    Surety, Francis Vaughan. Witness, Peyton Young.

Johnson, John & Mary Lankford.   April 5, 1787.
    Surety, Amos Johnson. Witness, Francis Young.

Johnson, John & Ann Atkins (Widow).   April 12, 1788.
    Surety, George Clayton.

Johnson, John & Ann Bidgood.   November 19, 1791.
    Surety, Joshua Duggin. Witness, Edmund Mason.

Johnson, Jordan & Margaret Eley.   February 13, 1787.
    Surety, Eley Johnson.

Johnson, Jordan & Holland ------.   February 6, 1797.
    Surety, Joseph B------.

Johnson, Mathew & Patience Eley.   February 5, 1793.
    Surety, James Tomlin. Parent, William Eley.

Johnson, William & Moore Taylor.   January 11, 1791.
    Surety, John Nelms.

Johnson, Willis & Lilley Butler.   August 7, 1788.
    Benjamin Bradshaw.

Johnston, James & Elizabeth Smith.   September 19, 1798.
    Parent, Thomas Smith.

Joliff, Scarsbrook & Sarah Tarleton.   November 19, 1788.
    Surety, Samuel Smith.

Jones, Abaham & Nancy Ward.   October 30, 1798.
    Surety, William Springfield.

Jones Allen & Jemma Johnson.   March 31, 1798.

Jones, Benjamin Jr. & Ann Ward (Widow)   March 25, 1783.
    Surety, Thomas Wrenn.

Jones, Davis & Clara Banks.   June 5, 1795.
    Surety, Francis Young.

Jones, Henry & Sally Davis   April 7, 1800.
    Surety, Joseph Carrell.

Jones, Nathaniel & Priscilla Fones. July 5, 1787.
    Surety, Benjamin Goodrich.

Jones, Nathaniel & Polly Davis.   December 31, 1796.
    Surety, Jesse Gray.

Jones, Person & Elizabeth Jones.   March 7, 1793.
    Surety, Nathaniel Jones.

Jones, Thomas & Polly Patterson.   July 7, 1800.
    Surety, George Gray. Consent of William Patterson.

Jones, William & Martha Norsworthy. July 2, 1792.
    Surety, Simmons Gwaltney.

Jordan, Nicholas & Charlotte Chapman. July 7, 1798.
    Surety, Wilson Davis.

Jordan, Robert & Peggy Jordan.   April 3, 1797.
    Surety, Thomas Jordan.

Jordan, William & Sally Tynes.   February 24, 1784.
    Surety, Francis Young.

Jordan, William & Mary Person.   April 22, 1788.
    Surety, Britton Womble. Witness, Sylvia West.

Jordan, William & Martha Marshall.   February 1, 1796.
    Surety, Pleasant & Thomas Jordan.

Jordan, William & Martha Bidgood.   December 22, 1797.
    Surety, Micajah Bidgood.

Kelly, Michael & Sally Braswell.   March 29, 1791.
    Surety, Francis Young.

Kimball, John & Jenny Smith.   December 15, 1796.
    Surety, Henry Turner.

King, John & Fanny Whitfield.   January 15, 1798.
    Surety, Joseph Driver.

Lankford, Wiley & Winney Pope.   September 6, 1790.
    Surety, John Watkins.

Lawrence, George & Sally Beal.   January 13, 1792.
    Surety, James Beal.

Lawrence, John & Mary Bridger.   January 13, 1773.
    Surety, James Bridger. Witness, William Bailey.

Lawrence, John & Polly Outland.   January 5, 1791.
    Surety, James Howell.

Levy, Lazrus & Sarah Drummond.   May 22, 1795.
    Surety, Francis Young. (Widow).

Lowry, Isaac & Jane Abbington.   October 26, 1787.
    Surety, James Davis.

Maget, William & Priscilla Hardy.   June 24, 1795.
    Surety, Robert Hunnicutt.

Mahone, William & Wilmuth Womble.   February 18, 1797.
    Surety, Micajah Munford. Parent, Harty Womble.
    Witness, Nancy Bond.

Mallicote, Thomas & Milly Lupo.   August 7, 1790.
    Surety, John Harrison. Witness, Peyton Young.

Mallory, William & Mary Bryan.   July 20, 1792.
    Surety, Francis Young Jr. Guardian, Solomon Pace of
                              Northampton County, N. C.
Mangam, Josiah & Elizabeth Abbitt.   September 20, 1791.
    Surety, Dolphin Davis.

Marshall, John Jr. & Temperance Copeland.   October 30, 1772.
    Surety, John Marshall.

Martin, James & Polly Bagnall.   December 8, 1796.
    Surety, John Lawrence.

Mason, Edmund & Francis Young.   February 17, 1792.
    Parent, Francis Young.

Matthews, Benjamin & Tempy Neavill.   April 21, 1791.
    Surety, Joseph Everitt.

Matthews, James & Ann Brantley.   December 12, 1788.
    Surety, Francis Young.

Matthews, John & Mary Davis.   September 13, 1793.
    Surety, John Davis.

Matthews, Kinchen & Nancy Edwards.   December 7, 1798.
    Surety, John Davis.

Matthews, Richard & Elizabeth Parr.   March 31, 1790.
    Surety, Joseph Shivers. Witness, Jesse Matthews.

Mears, Richard & Christian Norsworthy.   August 4, 1784.
    Surety, William Walden.

Mercer, James & Patience Fulgham (Widow). October 1, 1792.
    Surety, Jesse Fulgham.

Milner, Mills & Lucy Phillips.   March 21, 1792.
    Surety, Benjamin Phillips. Parent, John Phillips.

Miniard, Joseph   Amelia Cutchins.   June 2, 1792.
    Surety, Thomas Wills.

Minyard, Joseph & Charlotte Norsworthy. January 17, 1788.
    Surety, Charles Croce. Witness, John Godwin.

Moody, Ishmael & Sarah Brantley.   August 8, 1787.
    Surety, Francis Young. Parent, Wilson Brantley.

Moody, William & Fanny Fatherlie.   May 20, 1790.
    Surety, John Moody. Witness, Edward Davis.

Moore, Aaron & Patsey Tucker.   February 3, 1796.
    Surety, William Carrell. Aaron Moore of Surry County.

Morris, James & Sweeting Duke.   December 27, 1796.
    Surety, Isham Davis.

Morris, William & Ann Wilson.   May 2, 1795.
    Surety, William Allen.

Mountford, Thomas & Nancy Shelly.   February 8, 1791.

Murphrey, Charles & Polly Moody.   March 6, 1790.
    Surety, Joseph Moody.

Murphrey, Jesse & Loisa Cutchins.   August 5, 1793.
    Surety, Ralph West. Witness, Edmund Mason.

Murphy, Dempsey & Rachel Nelms.   October 19, 1790.
    Surety, John Murphy.

Murry, James & Charlotte Bagnall.   May 6, 1793.
    Surety, John Clark. Parent, Mary Holladay.
    Witness, Peyton Young.

Murry, James & Betsey Proctor.   December 26, 1797.
    Surety, William Proctor.

McClinchey, Thomas & Nancy Bowden.   January 26, 1791.
    Surety, Richard Bowden.

McCloud, Norman & Pattey Murry.   April 18, 1788.
    Parent, John Milner. Witness, Joseph Stallings &
                                    Patrick Braddy.
McCoy, Adam & Sarah Jolly.   March 15, 1793.
    Surety, Samuel McCoy. Parent, John Jolly.

McDonald, Phillip & Mary Sullivan.   July 20, 1792.
    Surety, Francis Young Jr.

McWilliams, Thomas & Holland Parker.   April 30, 1784.
    Surety, Josiah Parker. Parent, Nicholas Parker.
    Witness, Francis Young.

McWilliams, Thomas & Jenny Hubard.   May 24, 1791.
    Parent, William Hubbard.

Nelms, John & Ann Cofield.   February 2, 1790.
    Surety, Josiah Duck. Parent, Julia Corbett.

Nelson, John & Polly Miller.   December 5, 1791.
    Surety, Sampson Barlow. Wilson Whitfield, father-
                                in-law to Polly Miller.

Nelson, William & Tabitha English.   February 7, 1791.
    Surety, John Pierce.

Newman, Solomon & Lydia Jones.   May 24, 1791.
    Surety, Thomas Garner. Parent, Mary Jones.
    Witness, James Garner.

Nicholson, Robert & Mary Butler (Widow).   February 7, 1788.
    Surety, Charles Groce.

Norsworthy, John & Jenny Outland.   January 26, 1773.
    Surety, George Norsworthy. Witness, William Bailey.

Norseworthy, Joseph & Lydia Chapman.   January 13, 1800.
    Surety, Stephen Smith.

Norsworthy, Thompson & Polly Cutchin.   September 11, 1800.
    Surety, Dolphin Driver.

Outland, Thomas & Nancy Babb.   February 19, 1800.
    Surety, Andrew Woodley.

Outland, William Jr. & Rebecca Stringfield.   December 16,
    Surety, Joseph Stringfield.   1788.
    Parent, James Stringfield.

Parker, Hardy & Elizabeth Carr.   February 6, 1791.
    Parent, John Carr.

Parker, Joseph & Mary Hutchings.   February 13, 1793.
    Surety, Thomas Hall.

Parker, Josiah (Merchant) & Mary Bridger, Widow of Col. Jos.
    Bridger, decd.   May 26, 1773.
    Surety, Daniel Herring. Witness, William Bailey Jr.

Parker, William & Martha Brewer (Widow). January 3, 1787.
    Surety, Benjamin Holland.

Parkinson, Jacob & Holland Smith. February 13, 1790.
    Surety, John Smith.

Parr, John & Betsey Daniel. April 29, 1800.
    Surety, John Daniel.

Parr, Richard & Polly Heath. May 4, 1796.
    Surety, Isaiah Heath.

Parr, Richard & Nancy Matthews. January 15, 1800.
    Surety, Joseph Shivers.

Parr, William & Florentine Callcote. October 26, 1796.
    Surety, David Bradley.

Patrick, William & Margaret Easson. June 3, 1791.
    Surety, John Easson.

Peirce, John & Sally Johnson. February 7, 1791.
    Surety, William Nelms.

Peirce, John & Mildred Joyner. February 5, 1796.
    Surety, Thomas Davis. Witness, Darden Davis.

Peirce, Richard & Polly Wrenn. December 26, 1795.
    Surety, Josiah Wrenn.

Person, William & Frances Jordan. June 2, 1800.
    Surety, James Barlow.

Pettit, George & Nancy Barlow. October 20, 1787.
    Surety, William Fisher. Parent, James Barlow.
    Witness, Francis & Bennett Young.

Phillips, Benjamin & Holland Edwards. August 8, 1796.
    Surety, Joel Phillips. Francis Boykin, guardian
                                of Benjamin Phillips.

Pinhorn, John & Mary Uzzell. December 18, 1788.
    Surety, Thomas Uzzell.

Pitman, Aaron & Creasy Jones. April 17, 1790.
    Surety, Sampson Harrison.

Pitman, Thomas & Lucky Wombwell. March 4, 1796.
    Surety, Peter Vaniser.

Pitt, John & Ann Smith. July 20, 1784.
    Surety, John Pasteur.

Pitt, Joseph & Jennett Newman. March 7, 1796.
    Surety, Jesse Matthews.

Pitt, Ishmiah & Betsey Stokley. November 29, 1787.
    Surety, John Reynolds.

Pitt, Purnell & Sarah Butler. June 29, 1796.
    Surety, Thomas Hancock. Parent, John Butler, decd.
    Guardian, Josiah Wills.

Pope, John & Peggy Goodson. -------, 1794.
    Parent, James & Elley Goodson. Witness, Nathaniel Young.

Pope, Robert & Elizabeth Giles. June 25, 1793.
    Surety, William Dixon. Consent of John Giles.

Powell, Benjamin & Mary Gay. March 10, 1792.
    Parent, William Gay.

Powell, George & Martha Batten (Widow). February 4, 1790.
    Surety, John Powell.

Powell, Gideon & Mary Askew. June 30, 1798.
    Surety, Samuel Everitt.

Powell, Mathew & Milly Daniel. March 5, 1791.
    Surety, William Gay. Witness, Edmund Mason.

Powell, Samuel & Sally Westray.(Widow) January 14, 1792.
    Surety, Hardy Chapman.

Powell, Seymore & Sally Briggs. April 25, 1793.
    Surety, David Briggs.

Powell, Thadeus & Mary Powell. October 6, 1793.
    Surety, Allen Johnson.

Provans, John & Betsey Holladay Parr. April 7, 1791.
    Surety, William Parr. Witness, Francis Young Jr.

Pruden, Henry & Mildred Milner. July 3, 1783.
    Surety, Jacob Dickinson. Witness, Francis Young.

Pruden, John & Mourning ------. -----7, 1800.
    Surety, John Watkins.

Quay, Samuel & Betsey Gibbs (Widow). May 1, 1783.
    Surety, John Bridger.

Rand, Walter & Mary Parker. February 6, 1783.
    Surety, Elias Parker, Witness, Francis Young.

Red, Josiah & Priscilla Inglish. December 9, 1788.
    Surety, John Darden Jr. Consent of Patience Inglish

Reynolds, John & Elizabeth Whitley. January 13, 1792.
    Surety, Charles Groce. Parent, Tabitha Whitley.

Reynolds, John & Polly Jordan. November 17, 1798.
    Surety, Richard Reynolds. Parent, Betsey Jordan.

Reynolds, Randall & Martha Dickinson. November 9, 1795.
    Surety, Charles Groce.

Reynolds, Rowland & Martha Godwin. July 3, 1787.
    Surety, John Reynolds. Martha the widow of Jeremiah Godwin.

Rider, Thomas & Courtney Jones. March 6, 1787.
    Surety, William Hamilton.

Roberts, Edwin & Polly Jones. January 7, 1796.
    Surety, Thomas Jones.

Roberts, Willis & Mary Rhodes April 8, 1800.
    Surety, John Holland.

Robertson, Joseph R. & Nancy Lawrence. February 1, 1783.
    Surety, Miles Lawrence. Parent, Elizabeth Lawrence.
    Witness, Francis Young & Thomas English.

Ross, John & Charlotte Durley. December 12, 1773.
    Surety, Henry Pitt. Parent or guardian, Horatio Durley.
    Witness, Sarah Durley.

Ross, John & Patience Carr. June 1, 1795.
    Surety, Brewer Godwin.

Rudkin, William & Elizabeth Stevens. October 7, 1793.
    Surety, John Turner.

Sampson, Peter & Rose McGrigory. June 5, 1783.
    Surety, Stephen Gordon. Witness, Francis Young.

Sampson, Peter & Angelina Atkins. March 31, 1791.
    Witness, George Purdie Jr.

Saunders, Benjamin & Elizabeth Edwards. January 25, 1796.
    Surety, Joel Phillips. Parent, Rebecca Edwards.

Saunders, John & Anne Fleming (Widow). October 22, 1784.
    Surety, Job Saunders.

Saunders, John & Holland Britt. February 6, 1792.
    Surety, John Coggan.

Saunders, Thomas & Anna Johnson. February 25, 1796.
    Surety, John Saunders.

Seward, William & Cherry Pitman. October 19, 1795.
    Surety, L'Anson Edwards.

Sherrod, John & Temperance Shivers. February 20, 1793.
    Surety, William Shivers.

Shelly, Thomas & Frances Edwards. April 27, 1798.
    Surety, Shelly White. Parent, Martha Edwards.

Shepperd, Samuel & Mrs. Prudence Harrison. November 13,
    Surety, Benjamin Weston. 1800.

Shivers, Peter & Amelia Halliford. January 4, 1787.
    Surety, Campion Bracey.

Smith, Joseph & Mary Rand. March 27, 1773.
    Surety, Hezekiah Holladay. Parent, Joseph Smith Sr.
    and Sophia Rand. Witness, William Bailey Jr

Smith, Joseph & Anne Holladay. January 14, 1798.
    Surety, William Bryant.

Smith, Nicholas & Martha House. March 29, 1791.
    Surety, John Daniel.

Smith, Samuel & Constant Davis (Widow). February 16, 1792.
    Surety, Nicholas Smith.

Smith, Samuel & Nancy Bond (Widow). January 3, 1798.
    Surety, Andrew Woodley.

Smith, Samuel & Holland Davis. May 19, 1800.
    Guardian, John Godwin.

Smith, Stephen & Betsey Green Godwin. December 6, 1787.
    Surety, John Clark. Parent, Samuel (Shamuel) Godwin.

Smith, Thomas & Ann Edwards. January 9, 1787.
    Surety, Robert Edwards.

Smith, William Rand & Martha Norsworthy. November 21, 1793
    Surety, James Pitt.

Smith, Willis & Mary Applewhaite. November 1, 1797.
    Surety, William Carter.

Stallings, William & Mary Davidson. February 23, 1795.
    Surety, Joseph Stallings. Parent, Patty Davidson.

Stallings, William & Mrs Patsey Gray. April 7, 1800.
    Surety, Gray Carrell.

Stevens, John & Honour Carr. September 6, 1790.
    Surety, Wiley Lankford.

Stevens, John & Mary Mountfort. May 11, 1793.
    Surety, Micajah Mountfort.

Stott, Thomas & Polly Pitman. October 1, 1795.
    Surety, Addison Dowty.

Stringfield, Womble & Rebecca Jones. February 15, 1797.
    Surety, James Thomas. Parent, Benjamin Jones.

Stroud, John & Nanny Norsworthy.   November 6, 1788.
    Surety, Thomas Gale. Witness, Thomas Hail.

Stuckey, Edmund & Elizabeth Richards. June 28, 1787.
    Surety, Samuel McCoy. Witness, Francis Young.

Taylor, Frederick & ---- Womble. January 16, 1792.
    Parent, William Womble.

Taylor, Luke & Bethiah Crocker.   September 6, 1787.
    Surety, William Addison.

Taylor, William & Nancy Lancaster. July 5, 1796.
    Surety, William Barlow.

Thomas, James & Mourning Mangam (Widow). June 30, 1795.
    Surety, Benjamin Jones. Residence Surry County.

Thomas, Jordan & Mary Hancock.   April 1, 1791.
    Surety, Thomas Hancock. Witness, Hardy Chapman.

Thompson, Henry & Lucy Giles.   December 30, 1791.
    Surety, Thomas Giles.

Thornton, William & Elizabeth Wills.   November 27, 1784.
    Surety, Robert Tynes. Consent of James Wills.
    Witness, Francis Young Jr. & Francis Young Sr.

Tomlin, Arthur & Polly Sikes.   February 9, 1796.
    Surety, John Busby. Parent, Andrew Sikes.

Tomlin, John & Charlotte Holland.   December 19, 1797.
    Surety, Allen Johnson. Parent Joseph Holland.

Turner, Henry & Polly Kimball.   November 24, 1796.
    Surety, John Kimball.

Turner, John & Mary Lawrence.   June 6, 1791.
    Surety, Joseph Britt. Consent of Sawyer Lawrence.

Turner, Mathew & Elizabeth Saunders.   August 23, 1792.
    Surety, Elias Saunders. Parent, Sarah Saunders.

Turner, Peirce & Betty Powell.   September 7, 1787.
    Surety, Sion Boon. Witness, Francis Young.

Tynes, Benjamin & Susanna Bridger (Widow). December 6, 1784.
    Surety, James Allen Bridger.

Tynes, Benjamin & Elizabeth Hill.   August 19, 1788.
    Surety, Samuel Webb.

Tynes, Robert & Patsey Gibbs.   December --, 1797.

Underwood, Theophilus & ----- Joyner.   February 8, 1784.
    Surety, Richard Harrison. Witness, Francis Young.

Uzzell, Thomas & Polly James (Widow).   November 13, 1795.
    Surety, Thomas King.

Vaughan, James & Betsey Cowling   November 7, 1796.
    Surety, Davis Cowling.

Vellines, Isaac & Sally Moody.   March 17, 1790.
    Surety, William Blunt. Witness, Betty Moody.

Weeks, John & Nancy Moody.   March 13, 1798.
    Joseph Moody, brother of Nancy. Witness, Isaac
                                                    Moody.
Webb, James & Ann Driver.   March 24, 1773.
    Parent, Charles Driver. Samuel Webb, guardian.
    Witness, William Watson & William Bailey Jr.

Weston, Benjamin & Charlotte Godwin.   May, 23, 1793.
    Surety, Thomas Flint. Parent, Silvey Godwin.
    Witness, Samuel Weston.

Weston, Samuel & Rhoda Bains.   February 6, 1792.
    Surety, Benjamin Weston. Witness, Copeland Parker.

Westray, Levi & Sarah Tomlin.   February 6, 1792.
    Surety, John Tomlin. Consent of Mathew & Elizabeth
                                                    Tomlin.
Westray, Simon & Mary Saunders.   May 28, 1787.
    Surety, John Saunders. Parent, Elizabeth Saunders.

Wheeler, Jacob & Nancy English.   October 13, 1791.
    Surety, William Nelms.

Whitaker, Dudley & Polly Wills.   April 22, 1792.
    Surety, Copeland Whitfield.

White, Shelly & Polly Brown.   March 16, 1792.
    Surety, James Pyland.

White, William & Mary Holleman.   August 17, 1787.
    Surety, Francis Young. Witness, Edmund Mason.

Whitehead, Jesse & Esther Marshall.   January 16, 1787.
    Surety, Joshua Daniel.

Whitfield, Copeland Jr. & Pamelia Wills.   January 23, 1790.
    Surety, Arthur Applewhaite. Parent, Elvira Wills.
    Witness, John Wills.

Whitfield, Copeland & Catherine Howard.   February 19, 1791.
    Surety, Francis Young Jr.

Whitfield, Samuel & Fanny Norsworthy.   March 17, 1783.
    Surety, Mills Norsworthy. Parent Tristram Norsworthy.

Whitley, Ishmael & Elizabeth McCoy (Widow). December. 22,
    Surety, Samuel Lightfoot. Wit. Francis Young. 1783.

Whitley, John Saunders & Barsheba Bateman. August 4, 1791.
    Parent, Tabitha Whitley & John Bateman.

Whitley, Randall & Sarah Bracey.   November 28, 1791.
    Surety, Mills Whitley.

Whitley, Timothy & Mary Jenkins.   October 12, 1787.
    Surety, George Whitley.

Whitley, William & Sally Turner.   July 6, 1790.
    Surety, Thomas Turner.

Wilkinson, Cofer & Mrs. Jenny Lowry.   April 8, 1800.
    Surety, Simon Bland.

Wilkinson, Willis & Jane Cutchins   June 3, 1784.
    Surety, John Scarsbrook Wills.

Williams, David & Prudence Harvey.   June --, 1787.
    Surety, Willis Pitt.   (Widow).

Williams, Jordan & Polly Norsworthy.   November 17, 1798.
    Guardian, Britten Britt.

Willis, Robert & Mary Rhodes.   April 8, 1800.

Wills, Josiah & Mary Driver.   December 30, 1772.
    Parent, John Driver. Witness, Randolph Whitley &
                                  James Wormeley.
Wills, Josiah & Patsey Uzzell.   December 11, 1797.
    Surety, Bennett Young.

Wills, Mathew & Elizabeth Nelson (Widow). April 29, 1784.
    Surety, Jesse Gray.   Witness, Francis Young.

Wills, Nathaniel & Mary Peden.   August 18, 1791.
    Surety, John Wills. Witness, Tristram Norsworthy.

Wills, Thomas & Ann Gray.   November 5, 1793.
    Surety, Nathaniel Gray.

Wilson, Goodrich & Sally Applewhaite Lawrence. November 2,
    Surety, Joseph Holmes.   1798.

Wilson, Randall & Milly Charity.   October 26, 1798.
    Surety, Hartwell Charity.

Wilson, Robert & ---- Hutchinson.   April 15, 1793.
    Parent, John Hutchinson.

Wilson, Sampson & Winney Brantley.   July 4, 1791.
    Surety, James Brantley. Parent, Wilson Brantley.

Wilson, Solomon & Ann Riddick.   June 4, 1787.
    Surety, Francis Young. Witness, Edmund Mason.

Wombwell, Jeremiah & Nancy Mountfort. December 28, 1792.
    Surety, Micajah Mountfort. Parent, Thomas Wombwell.

Wombwell, John & Lucy Stallings.   January 1, 1802.

Wombwell, Lemuel & Ann Deford.   February 17, 1790.
    Surety, James Deford. Parent, Ann Deford.

Wombwell, Thomas & Nancy Outland.   July 16, 1793.
    Surety, William Outland.

Wood, Jonothan & Martha Bocock.   November 7, 1797.
    Parent, Peter Bocock.

Woodley, Andrew & Elizabeth Hill Harrison. November 7, 1797.

Woodward, William & Tamer Cole (Widow). December 25, 1787.
    Surety, George Hall.

Wooten, John & Elizabeth Jordan.   February 5, 1787.
    Surety, Joseph Ellis.

Wrenn, Francis & Martha Harrison (Widow). January 18, 1774.
    Surety, John Jordan Jr. Witness, William Jordan & Francis Young.

Wrenn, Francis & Catherine Brown.   May 21, 1800.
    Surety, Richard Pierce. Consent of John Mallicote.

Wrenn, James & Lucy Gwaltney.   January 14, 1795.
    Surety, James Gwaltney.

Wrenn, John & Patience Carrell.   April 13, 1787.
    Surety, William Hardy. Guardian, William Proctor.
    Witness, Joseph Carrell & James Piland.

Wright, Henry & Rebecca Watkins.   February 1, 1796.
    Surety, Jesse Watkins.

Wright, Mathew & Sarah Baldwin.   January 17, 1792.
    Surety, William Goodrich.

Young, Bennett & Polly Benn Godwin.   March 22, 1792.
    Surety, Edmund Mason. Consent of George Benn.
    Witness, Josiah Wilson & Thomas Fearn.

Young, James & Lucy Fearn.   April 13, 1791.
    Surety, Francis Young.

MINISTERS' RETURNS.

A list of marriages solemnized by the Rev. William Hubard in the Parish of Newport in the County of Isle of Wight, etc., beginning from the first day of July 1785 to the first day of July 1786.

1785.
July 9. Davis Day and Julia Day.
    21. John Smith and Julia Martin.
    28. Edward Hannah and Mourning Matthews.
August.
    2.   James Copher and Mourning Pitman.
    18. Lazarus Holloway and Sarah Brown.
    18. John Wrench and Mary Pasteur.
    25. John Parkinson and Catherine Whitley.
    25. George Godby and Anne Edwards.
September.
    3.   John Oliver and Francis Lee.
    29. Arthur Tomlin and Angelina Barner.
    29. John Daniel and Bathesheba Mintz.
October.
    15. William Jordan and Martha Campbell.
    18. Thomas English and Rebecca Boon.
    22. Josiah Waile and Mary Driver.
November
    1.   Frederick Hall and Peggy Jordan.
    8.   Benjamin Waller and Mary Womble.
    16. Willis Coffield and Elizabeth Jordan.
    24. William Goodwin and Frances Casey.
December.
    3.   L'Anson Edwards and Anne Pitman.
    15. Arthur Crumpler and Mary Pursell.
    18. Peter Woodward and Mary Turner.
    20. Humphrey Revell and Lady Tomlin.
    22. Elias Bowden and Celia Lawrence.
    24. William Stallings and Mary Person.
    25. John Dennis (?) and Jane Jackson.
    25. Thomas Bounds and Elizabeth Avery.

1786.
January.
    3.   Samuel Matthews and Peggy Parr.
    3.   William Binthall and Catherine Watkins.
    5.   Bracey Whitley and Rebecca Edwards.
    5.   Joseph Smith and Esther Hawkins.
    7.   Joseph Stringfield and Frances Dews.
    7.   Jesse Atkinson and Sarah Applewhaite.
    14. Joshua Hunt and Holland Holliday.
    28. Benjamin Ward and Rebecca Edwards.
    31. Joshua Gay and Amelia Bullock.
February.
    27. John Bulger and Mary Bounds.

March
    2.   Benjamin Cox and Rebecca Davis.

        2. Nicholas Smith and Catherine Joyner.
      21. Figuers Lewis and Patsey Driver.
      23. Robert Lawrence and Sarah Eley.

April
        2. Nathaniel Pruden and Rhoda Bradley.
        8. Thomas James and Mary Brantley.
      11. Stephen Bell and Jemima Ingram.
      27. Armstrong Edwards and Honour Turner.
      29. Joseph Clark and Julia Coggin.

May.
      11. Jesse Ewell and Mary Hodsden.
      20. Michael Edwards and Betsey Jones.
      21. William Carstopherine and Katherine Binn.

June
        1. James Wilson and Faithy Banks.
        3. Thomas Campbell and Elizabeth Pitt.
        8. Thomas Hicks and Mary Gwaltney.
      10. William Bidgood and Elizabeth Jones.
      15. Hugh Montgomery and Sally Gray.
      28. John Newman and Keziah Bridger.

July
        4. Benjamin Harrison and Mary Eley.
        8. William Atkinson and Nancy Lightfoot.
      16. Mason Pinner and Catherine Powell.
      18. Ishmiah Pitt and Mary Fulghan.
      20. Thomas Newill and Rhody Lawrence.
      27 Thomas Godwin and Jennetilbun Jack-- (?).

August.
        5. Shadrack Harrison and Elizabeth Hobbs.
      17. William Pinner and Tabitha Granberry.
      19. Hezekiah Holladay and Mary Bagnall.
      24. John Broadfield and Elizabeth Holladay.
      29. John Gay and Rhody Bowden.
      29. Thomas Lingo (Lupo) and Sarah Almond.
      31. Jeremiah Pinner and Elizabeth Pinner.

September.
        2. Jacob Stringfield and Frances Bidgood.
        7. William Bullock and Catherine Powell.
        7. Robert Babb and Polly Hough.
      21. John Gay and Joanna Goodson.
      21. William Wilkinson and Rachel Parker.
      28. Russell Godby and Nancy Stuckey.

October.
        7. Sampson Harrison and Comfort Edwards.
        7. John Clark and Peggy Norsworthy.
      19. William Tankard and Marth Milner.
      21. William Hill and Betsey Everett.
      25. William Campbell and Catherine Pitt.
      26. Edward Gay and Chloe Copher.
      26. Edwin Godwin and Elizabeth Hunter.
      29. Dolphin Driver and Jemima Whitfield.

November.
        6. Samuel Haile and Elizabeth Matthews.
      11. James Davis and Constance Barlow.
      18. William Woodward and Martha Ward.
      25. Henry Howard and Fanny Willet.
      25. William Patterson and Frances Gibbs.

    26. Thomas Milner and Elizabeth Wilkinson.
    30. John Vellines and Olive Thomas.
    30. Thomas Brantley and Betsey Willet.
December.
    6. Peter Cunningham and Louisa Fulgham.
    14. Willis Parnall and Sarah Brown.
    14. Mathew Thomas and Anne Gwaltney.
    16. William Bagnall and Nelly Newman.
    23. William James and Mary Hawkins.
    26. Charles Bagnall and Amelia Godwin.
    28. Samuel Everett and Betsey Shivers.
    28. Thomas Davis and Mary Joyner.
    30. James Clayton and Harly Goodrich.
1787.
January.
    4. William Slease (?) and Sally Holloway.
    6. Thomas Garner and Mary Hall.
    6. William Woodward and Tamer Cole.
    7. Peter Shivers and Amelia Holliford.
    11. Thomas Smith and Ann Edwards.
    13. Thomas Flood and Elizabeth Gale.
    18. Jesse Whitehead and Esther Marshall.
    20. Peter Hobbs and Charlotte McCoy.
February.
    6. Thomas Whitney Gale and Sarah Davis.
    10. John Wootten and Elizabeth Jordan.
March.
    3. Joel Newsum and Mary Eley.
    5. Jesse Edwards and Mary Gwaltney.
    6. Thomas Rider and Courtney Jones.
April.
    3. John Francis Gabriels and Pamelia Smith.
    7. Samuel Bidgood and Mary Carroll.
    12. William Phillips and Mary Thompson.
    14. John Wrenn and Patience Carroll.
    20. James Cooks and Sarah Davis.
    24. Joseph Brown and Catherine Parnall.
    31. Simon Westray and Mary Saunders.
June.
    2. Sampson Bones and Dolly Bowzer.
    4. Solomon Wilson and Anne Riddick.
    19. Anthony Holladay and Anne Godfrey.
    30. Edmund Stuckley and Elizabeth Richards.

        A list of marriages solemnized by the Society of
        People called Quakers, from the 1st of July 1785 to
        the 1st of July 1786.
1786.
February
    26. Joseph Denson and Anne Pretlow.
March 2. Lemuel Council and Julia Winbourne.
    3. John Jordan and Elizabeth Trother.
November.
    29. William Parter (Porter) and Mary Faulk.

1787.
November.
28. Joseph Pretlow and Elizabeth Scott.

Marriages solemnized by the Rev. William Hubard from July 1787 to July 1788.

1787.
July.
3. Josiah Cutchins and Ann Hall.
7. Nathaniel Jones and Priscilla Fones.
14. Rowland Reynolds and Martha Godwin.
17. David Williams and Prudence Harvey.
August.
11. Henry Gray and Elizabeth Brown.
September
1. William Groce and Sarah Frizzell.
8. Luke Taylor and Bethiah Crocker.
17. Jeremiah Godwin and Ann Blow.
October
20. George Pettitt and Nancy Barlow.
25. Lemuel Hart and Mary Pretlow.
25. John Armstrong and Unity Brantley.
27. Isaac Lowry and Jenny Abbington.
November
17. Thomas Gaskins and Milly Fulgham.
20. Richard Carter and Sarah Little.
December
1. Ishmaiah Pitt and Betsey Stoakley.
1. George Baines and Martha Reynolds.
6. Josiah Applewhaite and Polly Gibbs.
8. William Hatchell and Holland Lawrence.
11. Jesse Turner and Lucy Brown.
15. Stephen Smith and Betsey G. Godwin.
22. John Mallicote and Mary Gray.
25. Jesse Gray and Patsey Davis.
1788.
January
19. Joseph Mainyard and Charlotte Norsworthy.
29. Horatio Green and Mary Howell.
February
19. Robert Nicholson and Mary Butler.
20. James Pyland and Sally White.
21. Vines Turner and Ann Adams.
March.
16. Joseph Person and Polly Clark.
April.
10. Rix Lawrence and Lilly Woodrop.
12. John Johnson and Ann Atkinson.
19. Norman McCloud and Patty Murry.
25. Thomas Boyd and Milly Hutchings.
August.
20. Benjamin Tynes and Elizabeth Hill.
September.
20. Edmund Godwin and Holland Wills.
October
13. Abel James and Cornelia Kepp.

18. Thomas Jacobs and Ann Mary Pitt.
November
6. Willis Corbell and Ann Jarvis.
15. John Stroud and Nancy Norseworthy.
20. Scarsbrook Jolliff and Sarah Tarlton.
December
4. Mallachi Fife and Mary Hawkins.
13. James Matthews and Ann Brantley.
17. Josiah Red and Priscilla English.
18. William Crocker and Elizabeth Wilson.
23. Samuel Bradley and Lucy Pitt.
25. Garrett J. Van Wagenum and Martha Todd.
28. William Talliferro and Elizabeth H. Cocke.
1789
January.
11. Benjamin Wootten and Mary Carter.
15. Peyton Randolph and Betsey Holland.
29. Samuel Blow and Mary Ridley Hart.
February
8. John Chapman and Fanny Babb.
March
12. John Cocks and Elizabeth Moreing.
April.
11. Isaac Johnson and Daphney Trusty.
19. Henry Lynn and Peggy Applewhaite.
May 5. Jesse Toller and Elizabeth Garner.
31. Elias Saunders and Martha Watkins.

Marriages solemnized by Willis Wills, Methodist Minister.   Nansemond County.
1789- June 8. James Buxton and Jane Avery.
1789- April - William Coffield and Mary Lawrence.
1790- Sept. 12. Thomas Bullock and Peggy Evans.
1791- Feb. —. Thomas Colding (Cowling) and Charlotte
1792. " . 23. Jordan Parr and Lois Jordan.   Everett.
1795- Oct. — John Johnson and Mary Darby.

Isle of Wight County:
1791-Sept. 24. John Davis and Mary Uzzell.
    May 23. Benjamin Weston and Charlotte Godwin.
    July 26. Robert Pope and Elizabeth Giles.
    Dec. 6. Thomas Hancock and Nancy Outland.
(?) Sept. 14. John Matthews and Mary Davis.
    Mch. 30. Willis Holliford and Elizabeth Whitley.
    ---- 23. Adam McCoy and Sarah Jolly.
    Aug. 8. Jesse Murphrey and Louisa Cutchins.
    --------. William Smith and Patsey Norsworthy.
    Oct. 18. James Clayton and Elizabeth Uzzell.
    Dec. 26. John Lawrence and Sarah Groce.
1794-Mch. 28. Thomas Bounds and Sarah Gale.
    June 13. John Parkinson and Caty Edwards.
    Sept. 5. John Godwin and Polly Copeland.
    Dec. 27. John Bullock and Mary Bridger.
    ---- 10. John Clark and Elizabeth Edwards.
    Nov. 28. James Smith and Mary Chapman.

1795- Jan.   I.   William Pinhorn and   Keziah Edwards.
---- --.   William Matthews and Mary Pope.
April 12.   Thomas Gale and Patsey Gale.
Feb. 2I.   John Cook and Rachel Green.
Dec. 30.   John H. Jemica and Anne Toller.
Surry County:
1789. Oct. 9.   James Warren and Katy Andrews.

    Marriage solemnized by Benjamin Barnes,
      Methodist Minister.

1795- Aug. I8. Robert Carr and Anne Holleman.

    Marriages solemnized by Nathaniel Berryman,
      Methodist Minister.
1795- June 25. William Maggett and Priscilla Hardy.
---- ---- --. James Bennett and Anne Wright.
179-- Sept. 26. Robert Heath and Rosey Dowty.

    Marriages solemnized by people called Quakers.

1788- Oct. 30.   Samuel Nixon and Peggy Jordan.
1789- April 25. Stephen Shepherd and Esther Winborne.
1790- Mch. 2.   Thomas Peele and Lydia Johnson.
179I- June I.   Lemuel Jones and Sally Denson.
179I- Oct. I0.   Robert Jordan and Elizabeth Copeland.
1792- ---- -.   William Wrenn and Lydia Johnson.

    Marriages solemnized by the Rev. William Hubard.
      July 1789 to July 1790.
1789.
August I5.   Thomas Jordan and Celia Fulgham Casey.
Oct. 23.   Frederick Jones and Holland Fulgham.
Nov. I0.   Lazarus Levey and Keziah Harvey.
Dec.   3.   Benjamin Brock and Martha Holleman.
       5.   James Johnston and Betsey Day.
      I7.   James Carroll and Patsey Mangam.
      22.   Mathew Turner and Nancey Brown.
      22.   John Tomlin and Chloe Westray.
      24.   Skelton Edwards and Mary Shelly.
      26.   Robert Flake and Rebecca Dews.
      26.   Richard Brantley and Jemima Holladay.
      3I.   William Cornwell and Mary Brown.

1790.
Jan.   7.   Michael Everett and Peggy Jordan Cowling.
      I2.   Giles Daniel and Mary Jordan.
      23.   Copeland Whitfield and Pamelia Wills.
      30.   Joshua Duggin and Sally Jolliff.
      30.   John Davis and Ann Gray.
      30.   Lowis Chapman and Lucy Mangam.
Feb.   7.   William Crocker and Elizabeth Allen.
      23.   Michael Fulgham and Patsey Jordan.

1790.
- Mch. 6. George Powell and Martha Batten.
- 27. James Akinson and Martha Applewhaite.
- 31. Richard Mathews and Elizabeth Parr.
- April 1. John Bullock and Elizabeth Johnson.
- May 6. James Delk and Martha Bell.
- June 24. Samuel Gray and Mary Mangam.
- July 22. Samuel Hampton and Patsey Powell.
- Aug. 8. Thomas Mallicote and Milly Lupo.
- Sept. 9. Thomas Gale and Chloe Fatherie.
- 20. William Harris and Mary Jordan.
- 23. Samuel Hampton and Eady Debirg--(?).
- 23. John Riggon and Elizabeth Warren.
- 25. Joseph Godwin and Letitia Williams.
- Oct. 17. James Holland and Polly Harris.
- Nov. 11. Moody Copher and Martha Gwaltney.
- 20. David Jones and Fanny Barlow.
- Dec. 16. William Clack (Clark) and Sally Gwaltney.
- 23. David Edwards and Chloe Chapman.
- 25. Josiah Davis and Polly Thomas.
- 28. William Dixon and Elizabeth Pope.

1791.
- Jan. 22. George Braswell and Conney Cofer.
- 25. James Hancock and Chace Womble.
- 27. Richard Rogers and Cherry Wrenn.
- 26. Thomas McClenchey and Nancy Bowden.
- 27. Joseph Driver and Priscilla Whitfield.
- Feb. 6. John Lawrence and Polly Outland.
- 17. Hermon Hargrave and Diana Copher.
- 19. Thomas Munford and Nancy Shelly.
- 20. Copeland Whitfield and Catherine Howard.
- 24. John Peirce and Sally Johnson.
- Mch. 26. John Hilton and Peggy Robertson.
- April 2. Jordan Thomas and Mary Hancock.
- 2. Peter Sampson and Angelina Atkinson.
- 3. Michael Kelly and Sally Braswell.
- 7. John Provan and Patsey Holladay Parr.
- 18.-- James Young and Lucy Fearn.
- 21. Benjamin Mathews and Tempy Nevill.
- Mch. 14. Lemuel Bailey and Elizabeth Elliott.
- 25. Solomon Newman and Lydia Jones.
- 28. Thomas McWilliams and Jane Hubard.
- 30. David Bradley and Elizabeth Harrison.
- June 3. William Patrick and Margaret Easson.
- 30. John Turner and Mary Lawrence.
- July 5. Sampson Wilson and Winney Brantley.
- 23. James Askew and Polly Garnes.
- Aug. 20. Nathaniel Wills and Mary Pedin.
- 25. Jesse Godwin and Mary Godwin of Nansemond Co.
- 27. Jesse Atkinson and Mary Ward.
- Sept. 24. Josiah Mangam and Elizabeth Abbet (?).
- 28. William Bryant and Elizabeth Stuckey.
- 29. Phillip Thomas and Lucy Holleman.
- Oct. 6. Jesse Clark and Judith Foster.
- 27. William Holloway and Sally Bennett.
- 27. Josiah Gray and Martha Everett.

1791.
- Dec. 1. Mills Holladay and Martha Wrenn.
- 3. Jacob Dickinson and Mary Whitfield.
- 5. John Nelson and Mary Whitfield alias
- 10. John Gibbs and Polly Driver.   Miller.
- 18. James Gray and Sally Goodwin Wills.
- 24. Thomas Casey and Celia Wallace.
- 28. John Holleman and Nancey Thomas.
- 29. James Morris and Sweeting Duke.

1792.
- Jan. 5. Skelton Delk and Angelina Gray.
- 7. Thomas Darden and Barsheba Wills.
- 14. George Lawrence and Sally Beal.
- 19. Mathew Wright and Sarah Baldwin.
- 19. Frederick Taylor and Frankey Womble.
- 24. Benjamin Barlow and Frankey Jones.
- 24. James Atkinson and Milly Mallicote.
- Feb. 7. James Barlow and Mary Gibbs.
- 18. James Hodges and Jane Brown (Surry).
- 18. Edmund Mason and Frances Young.
- 23. John Saunders and Holland Britt.
- Mch. 10. Shelly White and Polly Brown.
- 22. Bennett Young and Polly Benn Godwin.
- 27. William Goodrich and Polly Duggin.
- April 5. Henry Edwards and Nancy Harrison.
- 12. John Farrow (?) and Tabitha Brown.
- 21. Dudley Whitaker and Polly Wills.
- May. 12. Joseph Gray and Frances White.
- June 2. Joseph Miniard and Amelia Cutchins.
- July 5. William Lear Campbell and Mary Jordan.
- 26. William Mallory and Mary Bryan.
- 28. Robert Newton Cook and Elizabeth Nors-
- Aug. 9. Isaac Askew and Elizabeth Newman.   worthy
- 14. Thomas Graham and Sarah Barnes.
- 16. James Bell and Rebecca Lancaster.
- 30. James Reid and Fanny Wescott.
- Oct. 20. Andrew Bryan and Elizabeth Champan (?).
- 21. George Goodrich and Nancy Turner.
- 29. Machen Fearn and Ann Moreland.
- Nov. 1. Jesse Cowling and Elizabeth George.
- 22. James Bidgood and Nancy Dews.
- Dec. 4. Abraham Pruden and Unice Pruden.
- 6. Henry Coggan and Elizabeth Briggs.
- 8. William Godfrey and Patsey Newman.
- 18. Henry Bradley and Patience Pitt.
- 20. William Hardy and Sarah Dering.
- 22. James Garner and Sally Parnell.
- 24. Nicholas Goodson and Elizabeth Bullock.
- 24. Josiah Holladay and Martha Daniel.
- 27. Thomas Brantley and Mary Lupo.
- 29. Jeremiah Wombwell and Nancy Mountford.

1793.
- Jan. 24. John Hockaday and Mary Orr.
- 24. Daniel Herring and Hannah Hardy.
- 27. William Gaston (Garton ?) and Mary Hodsden.
- Feb. 7. John Applewhaite and Mary Godwin.
- 14. Lemuel Batten and Tatty Brown.

98.
1793.

Feb.	14.	Drury Crocker and Lucy Barlow.
	19.	John Duck and Charity Darden.
	21.	John Sherrod and Temperance Shivers.
	23.	Mathew Fulgham and Rebecca Westray.
	27.	Wright Godwin and Polly Godwin.
	28.	Joseph Lawrence and Sally Sykes.
Mch.	9.	Person Jones and Elizabeth Jones.
	21.	Thomas Best and Polly Shivers.
April	17.	Thomas Wilson And Sarah Hutchinson.
	28.	Seymore Powell and Sally Briggs.
May	16.	John Stevens and Mary Mountfort.
	18.	John Hancock and Nancy Williams.
	25.	Jonathan Wood and Martha Bococke.
June	4.	John Clark and Ann Godwin.
	6.	Henry Barnes and Fanny Channell.
July	7.	Benjamin Banks and Nancy Jones.
	20.	Thomas Wombwell and Nancy Outland.
Aug.	18.	John Hutchinson and Peggy James.
	21.	James Harvey and Sally Godfrey.
Oct.	1.	Joseph Godwin and Elizabeth Pitt.
	7.	Thaddeus Powell and Mary Powell.
Dec.	19.	William Burnett and Frances Edwards.
	24.	Isham Jordan and Mary Shields.
	26.	Jacob Copher and Milly Braswell.

1794.

Jan.	2.	Elias Johnson and Caty Tomlin.
	4.	William Gibbs and Lois Wills.
	14.	Benjamin Shelly and Elizabeth Gwaltney.
Feb.	6.	Freeman Gwaltney and Patty Brown.
Jan.	16.	Rix Lawrence and Rachel Wilkinson.
Mch.	1.	John Worrell and Patsey Griffin.
April	12.	William Carstaphen and Anne Archer.
	17.	Jesse Edwards and Polly Copher.
	19.	Lewis (?) Jordan and Frances Atkinson.
June	1.	Samuel Batten and Mary Powell.
	5.	Phillip Moody and Polly Gwaltney.
July	6.	William Jones and Elizabeth Michael.
	10.	John Outland and Sally Babb.
	17.	Wilson Murry and Priscilla Hawkins.
	27.	James Pitt and Mary Michael.
Aug.	9.	James Williams and Mildred Taylor.
Sept.	25.	Randolph Fitchett and Rebecca Bell.
Nov.	8.	William Pinner and Catherine Bradley.
	13.	Richard Thomas and Chloe Stringfield.
	13.	John Farrow and Nancy Beal.
	20.	William Carter and Elizabeth Smith.
	22.	George Benn and Mary Ann Bashfoot (?).
	27.	Mesheck Goodrich and Sally Shelly.
Dec.	11.	James Powell and Suckey Betts.
	25.	James Jenkins and Sally Coggan.

1795.

Jan.	15.	Jesse Thomas and Elizabeth Presson.
Feb.	12.	John Woodward and Esther King.
	22.	Lemuel Clark and Mary Williams.
	26.	William Stallings and Mary Davidson.
Mch.	7.	Gustavus Adolphus Brown and Abby Tucker.
	7.	William Morris and Ann Wilson.

1795.
- Mch. 9. Isaac Jones and Elizabeth Thomas.
- 23. Lazarus Levy and Sarah Drummond.
- 24. Solomon Bracey and Lydia Turner.
- April 30. Josiah Cowling and Christianna Mackie.
- June 6. Davis Jones and Clary Banks.
- 27. George Edwards and Elizabeth Smith.

Marriages solemnized by Willis Wills, a Methodist Minister.

1787.
- Aug. 10. Ishmael Moody and Sarah Brantley.

1788.
- Dec. 24. John Pinhorn and Mary Uzzell.

1789.
- Oct. 11. Joel Phillips and Amelia Nevill.
- May 28. George Whitley and Elizabeth Davis.

1790.
- Mch. 10. Charles Murphrey and Polly Moody.
- 20. Isaac Vellines and Sarah Moody.
- July 8. William Whitley and Sarah Turner.
- Aug. 10. Charles Groce and Sarah Smelly.
- Oct. 8. Thomas Carrell and Silvia Uzzell.
- 9. Nathaniel Gray and Lydia Driver.
- 23. Dempsey Murphrey and Rachel Nelms.

1791.
- Jan. 29. Addison Dowty and Elizabeth Pitman.
- Mch. 30. Nicholas Smith and Martha House.
- Aug. 5. John Saunders Whitley and Barsheba Bateman.
- Sept. 1. William Bagnall and Mildred Dowty.
- Nov. 24. John Johnson and Ann Bidgood.
- Feb. 3. James Allmand and ---- Morrison.
- Sept. 24. John Davis and Mary Davis.

1792.
- Feb. 21. Thomas Flint and Elizabeth Godwin.
- 19. Isham Copeland and Charlotte Fulgham.
- 14. John Reynolds and Elizabeth Whitley.
- 18. Samuel Smith and Constant Davis.
- Sept. 15. Murphry Dickson and Lydia Haile.
- Jan. 14. Thomas Davis and Charlotte Womble.
- Mch. 24. Miles Milner and Lucy Phillips.

1790.
- Dec. 21. Henry Thompson and Louisa Giles.

A marriage solemnized by John McCabe.

1792.
- Jan. 5. Richard Cason and Elizabeth Holland.

Marriages solemnized by Nathaniel Berryman. M. M.

1795.
- Oct. 22. William Seaward and Cherry Pitman.
- Dec. 27. Richard Pierce and Polly Wrenn.

1796.
- Feb. 5. Aaron Moore and Patsey Tucker.

1795.
    Dec.   13. Thomas Stott   and Polly Pitman.
1796.
    Feb.   6.   J'Anson Edwards and Sarah Hardy.
    May.   7.   Richard Parr   and Polly Heath.
    July   7.   William Taylor   and Martha Lancaster.
    Aug.   13. Allen Davis   and Peggy Lane.
    Nov.   1.   William Parr   and Florentina Callcote.
            25. Henry Turner   and Polly Kimball.
    Dec.   17. John Kimball   and Jenny Smith.
            31. Nathaniel Jones and Polly Davis.

        Marriages solemnized by Charles Murphrey.
1796.
    Dec.   10. Thomas Elsberry and Martha Powell.
            31. Henry Jemmicke   and Keziah Garner.
1797.
    Feb.   11. Seth Hunter   and Elizabeth Powell.
            3.   William   and Fanny Parnell.
            13. Britain Britt   and Jenny Edmunds.
    April   6.   Robert Jordan   and Peggy Jordan.
    June   17. John Clark   and Betsey Hudson.
    Aug.   11. John Babb   and Betsey Pope.
            15. Lewis Harris   and Mary Hatchell.
    Dec.   9.   John Anthony   and Sally Hunter.

        Marriages solemnized by David Bradley.
1797.
    Jan.   5.   Thomas Jones   and Elizabeth Chapman.
    Mch.   7.   Cary Barlow   and Elizabeth Davis.
            9.   Micajah Mountfort and Sally Mahone.
    June   15. John Goodson   and Elizabeth Randolph Bell.
    Aug.   9.   Andrew Woodley   and Elizabeth Hill Harrison.
1798.
    Jan.   4.   Samuel Smith   and Nancy Bond (Widow).

        Marriage returns by William Blunt. (Year not given).

    Jan.   31. Thomas Joiner   and Peggy Morrison.
    April   8.   Sellaway Bracey and Nancy Moody.
1798.
    Mch.   27. John Weeks   and Nancy Moody.

        Marriages solemnized by Nathaniel Berryman, M. M.
1797.
    Feb.   23. William Mahone   and Wilmuth Womble.
1798.
    April   28. Thomas Shelly   and Frances Edwards.

        A marriage solemnized by James Hunter.
1794.
    Sept.   15. James Godwin   and Elizabeth Godwin.

        List returned by Willis Wills.

1795.
    Aug.   12. Elisha Godwin   and Elizabeth Stokeley.

1795.
- June 18. Charles Bryant and Charlotte Stuckie.
- Nov. 9. Randolph Reynolds and Martha Dickinson.
- Sept. 19. Samuel Weston and Rhoda Bains.
- Dec. 26. William Allmand and Elizabeth Toler.

1796.
- Jan. 12. Joseph Elsberry and ---- Everett of Nansemond.
- Feb. --. John Pierce and Mildred Joiner.
- Mch. 31. Richard Corbell and Adar Stokely.
- May --. Thomas Pinner and Elizabeth Bullock of Nansemond Co.
- 6. Thomas Hall and ---- Goodson.
- June 26. Purnell Pitt and Sarah Butler.
- Aug. 29. Barden Bullock and Betsey Pinner.
- Dec. 10. James Martin and Polly Beagnall (?).

1797.
- Oct. 28. Edwin Godwin and Nancy Stokeley.

1798.
- Mch. 1. James Gray and Esther Pitt.
- July 14. Willis Godwin and Sally Daniel.
- Oct. 3. George Darby and Julia Williams.
- Nov. 17. John Reynolds and Polly Jordan.

1799.
- Feb. 12. Charles Rountree and Elizabeth Flint.
- Mch. 7. John Morrison and E---- Campbell.

Marriages solemnized by Isaac Vellines.

1798.
- July 8. Daniel Sumner and Rebecca Tomlin.

1799.
- Jan. 24. Elias Daniel and Polly Holland.
- Mch. 2. John Boykin Eley and Patsey Fletcher.
- 30. Charles Fulgham and Caty Powell.

Marriages solemnized by Nathaniel Berriman, M. M.

1799.
- Sept. 10. Joseph Copher and Jerusha Lancaster.
- Dec. 26. Thomas Harding and Nancy Taylor.
- 28. George Gray and Patsey Carrell.

1800.
- April 7. Henry Jones and Sally Davis.

Marriages solemnized by William Blunt.

1799.
- Sept. 12. Lemuel Womble and Flora Parr.

1800.
- Jan. 2. Michael Rogers and Polly Clark.

Marriages Solemnized by William Powell. (Year not given)

- May 15. Willis Cross and Sally Jordan.
- Nov. 24. Samuel Stamp and Patsey Hutchings.
- Dec. 24. Jordan Parr and Mary Johnson.

1800.
- May 20. Samuel Smith and Holland Davis.

1800. A marriage solemnized by Charles Murphrey.
- Dec. 18. Benjamin Norsworthy and Frances Allmand.

A marriage solemnized by Isaac Vellines.

1800.
    Oct. 10. James Bennett and Fereby Deford.

Marriages solemnized by Willis Wills.

1799.
    July 2. Samuel McCoy and Ann Godwin.
           3. John Briggs and Elizabeth Heath.
    Aug. 17. Arthur Benn and Patsey Tate (?).

1800.
    Jan. 15. Joseph Norsworthy and Lydia Chapman.
    April 30. Jonathan Godwin and Patsey Holladay.
    Aug. 10. William Goodwin and Patsey Bunkley.
          12. William Addison and Nancy Gray.
    Oct. ---. Randolph Reynolds and Rhoda Baines.
          28. Randall Reynolds and Rhoda Weston.

QUAKER RECORDS.

Minute Book - Lower Virginia Meeting.
1673-1709.

Belson, Edmond son of Elizabeth Belson of Nansemond Co. and
    Mary Crew, the dau. of Mary Tooke of Isle of Wight Co.
    13 day of 10 mo. 1684.   P. 64.

Belson, Edmond of Nansemond Co. and Joan Riddick, dau. of
    Robert Riddick of Nansemond Co.
    11 day of 5 mo. 1689.   P. 133.

Bogue, William of N. C. and Sarah Duke, dau. of Thomas Duke
    of Nansemond Co.
    15 day of 12 mo. 1727/8.   P. 158.

Braise, (Brasseur) Francis son of Hugh Braise of Isle of Wight
    and Elizabeth Wiggs, dau. of Henry Wiggs.
    15 day of 7 mo. 1713.   P. 150.

Bressie, Hugh nephew of William Bressie and Sarah Campion of
    Isle of Wight.
    14 day of 3 mo. 1680.   P. 89.

Bufkin, Leaven and Dorothy Newby, dau of William Newby of
    Nansemond Co.
    17 day of 2 mo. 1688.   P. 81.

Chapman, Benjamin and Mary Copeland. Letter proving marriage
    dated 12 day of 3 mo. 1703.   P. 159.

Collins, John, whose father-in-law was John Barnes and Mary
    Tooke of Surry Co.
    14 day of 12 mo. 1682.   P. 116.

Denson, James son of Frances Denson, widow of Isle of Wight Co.
    and Sarah Dryton.
    15 day of 11 mo. 1707.   P. 148.

Denson, John son of Frances Denson, widow of Isle of Wight Co.
    and Mary Brydle, dau. of Francis Brydle of Isle of
    Wight Co. 12 day of 9 mo. 1692.   P. 130.

Denson, William son of John Denson of Isle of Wight Co. and
    Amey Small, dau. of Benjamin Small of Nansemond Co.
    20 day of 12 mo. 1723.   P. 152.

Gay, Thomas son of Joane Lawrence of Isle of Wight Co. and
    Rebecca Page, dau. of Thomas Page of Isle of Wight Co.
    11 day of 11 mo. 1699.   P. 136.

Harris, John and Elizabeth Church of Isle of Wight Co.
    13 day of 4 mo. 1689.   P. 125.

Hall, Moses - I have given my consent to Moses Hall as concerning marriage with my daughter Margaret Duke.
    7 day of 11 mo. 1707. Signed, Thomas Duke Sr.

Hollowell, Henry son of Thomas Hollowell of Elizabeth River and Elizabeth Cutchins, dau. of Thomas Cutchins of Chuckatuck, Nansemond Co.
    7 day of 8 mo. 1680.   P. 90.

Hollowell, Henry of Elizabeth River and Elizabeth Scott of Nansemond Co.
    20 day of 2 mo. 1693.   P. 125.

Jones, Robert and Martha Rice of Nansemond Co.
    10 day of 5 mo. 1683.   P. 117.

Jordan, James son of Thomas Jordan of Chuckatuck and Elizabeth Ratcliff of Isle of Wight Co.
    29 day of 3 mo. 1688.   P. 69

Jordan, James and Ann Roseter of Nansemond Co.
    14 day of 7 mo. 1701.

Jordan, John son of Thomas Jordan and Margaret Burgh, both of Chuckatuck. 9 day of 12 mo. 1688. P. 66.

Jordan, Joseph son of Joseph Jordan of N. C. and Mary Rix, dau. of Abraham Rix of Isle of Wight Co.
    10 day of 2 mo. 1723.   P. 155.

Jordan, Mathew son of Thomas Jordan of Chuckatuck and Dorothy Bufkin, widow of Nansemond Co.
    6 day of 7 mo. 1699.   P. 135.

Jordan, Mathew of Nansemond Co. and Susanna Bressy of Isle of Wight Co., widow.
    17 day of 3 mo. 1702.   P. 139.

Jordan, Richard son of Thomas Jordan of Chuckatuck and Rebecca Ratcliff, dau. of Richard Ratcliff of Isle of Wight Co.
    22 day of 6 mo. 1706.   P. 146.

Jordan, Robert son of Thomas Jordan of Chuckatuck and Christian Oudelant, dau. of Thomas Taberer of Isle of Wight.
    9 day of 12 mo. 1687.   P. 67.

Jordan, Robert son of Thomas Jordan of Chuckatuck and Mary Belson, dau. of Edmond Belson, decd.
    10 day of 5 mo. 1690.   P. 128.

Jordan, Thomas Sr. married Margaret, dau. of Robert Brasher of Nansemond Co. abt. 1658. P. 62 & 81.

Jordan, Thomas son of Thomas of Chuckatuck and Elizabeth Burgh, dau. of William Burgh.
    6 day of 10 mo. 1679.   P. 87.

Kenerly, Joseph of Dorchester County, Povince of Maryland,
and Sarah Ratcliff, dau of Richard Ratcliff of
Isle of Wight Co.
20 day of 7 mo. 1696.   P. 132.

Maredith, Joseph son of Samson Meredith of Nansemond County,
and Sarah Denson, dau. of Francis Denson of Isle of
Wight Co.   11 day of 4 mo. 1696.   P. 131.

Murrell, George son of George Murrell of Surry County, and
Mary Waters, dau. of Walter Waters of Isle of Wight.
16 day of 2 mo. 1704.   P. 141.

Murry, John and Elizabeth Garrett, dau. of William Garrett of
Isle of Wight Co.
22 day of 6 mo. 1678.
    (This name is written Yarrett in Isle of Wight
    records).   P. 85.

Murry, John and Elizabeth Hitchens of Isle of Wight Co.
15 day of 2 mo. 1686.   P. 77.

Newby, Nathan son of William Newby of Nansemond Co. and
Elizabeth Hollowell, dau. of Alice Hollowell of
Elizabeth River.
13 day of 10 mo. 1678.   P. 127.

Newman, Thomas and Mary Ratcliff of Isle of Wight County.
13 day of 2 mo. 1699.   P. 134.

Outland, Cornelius and Hannah Copeland.
5 day of 3 mo. 1675.   P. 80.

Outland, William of Chuckatuck and Christian Taberer, dau. of
Thomas Taberer of Isle of Wight Co.
15 day of 9 mo. 1678.   P. 86.

Page, John of Isle of Wight Co. and ffelecia Hall, dau. of
Moses Hall, decd. of Nansemond Co.
(No date given.)   P. 154.

Page, Thomas son of Thomas Page of Isle of Wight Co. and
Isabel Lawrence, dau of Henry Lawrence of Nansemond.
15 day of 1 mo. 1702.   P. 139.

Person, John son of John Person of Isle of Wight Co. and
Mary Partridge, dau. of Thomas Partridge of Surry Co.
10 day of 1 mo. 1692.   P. 129.

Pope, William and Mary Haile, both of Nansemond County.
11 day of 2 mo. 1708.   P. 147.

Powell, William son of Elizabeth Powell, widow and Mary Page,
dau. of Thomas Page both of Isle of Wight County.
14 day of 2 mo. 1700.   P. 137.

Ratcliffe, Cornelius of Isle of Wight and Elizabeth Jordan, widow. 23 day of 9 mo. 1721. P. 151.

Ratcliffe, Richard son of Richard Ratcliff of Terrascoe Neck and Elizabeth Hollowell, dau. of Henry Hollowell of Isle of Wight County. 18 day of 7 mo. 1700. P. 138.

Rickesis, Abraham son of Isaac Rickesis and Mary Belson, dau. of Edmond Belson, both of Nansemond County. 16 day of 3 mo. 1703. P. 140.

Rickesis, Jacob son of Isaac Rickesis and Mary Exum, dau. of Jeremiah Exum of Isle of Wight County. 14 day of 10 mo. 1699. P. 136.

Sanders, William and Mary Hall of Nansemond County. 9 day of 4 mo. 1682. P. 91.

Sikes, Thomas - Thomas Page testifies he was a subscriber on his certificate of marriage. 9 day of 10 mo. 1705. P. 159.

Small, Benjamin and Elizabeth Hollowell of Nansemond Co. 12 day of 1 mo. 1699. P. 131.

Small, John son of John Small of Nansemond Co. and Alice Hollowell, dau. of Alice Hollowell of Elizabeth River. 25 day of 12 mo. 1688. P. 126.

Small, Joseph son of John Small and Ann Owen, dau. of Gilbert Owen of Nansemond County. 18 day of 8 mo. 1722. P. 157.

Scott, John son of William Scott of Chuckatuck and Elizabeth Belson, sister of Edmond Belson. 19 day of 8 mo. 1682. P. 64.

Scott, John son of William of Isle of Wight Co. and Joan Took, dau. of Thomas Took. before 28 day of 4 mo. 1706. P. 44.

Scott, William son of John Scott decd. of Nansemond Co. and Christian Jordan, dau. of Robert Jordan. 28 day of 6 mo. 1707. P. 147.

Taberer, Thomas of Isle of Wight Co. and Margaret Wood, widow of John Wood, after 1656. P. 73.

White, Thomas son of John White of Isle of Wight Co. and Rachel Jordan, dau. of Joshua Jordan. 13 day of 7 mo. 1719. P. 153.

Wiggs, Henry and Catherine Garrett. 3 day of 12 mo. 1674. P. 80.

Wilkinson, William son of Henry Wilkinson decd. of Nansemond
County, and Rebecca Powell, dau. of William Powell,
of Isle of Wight County.
21 day of 9 mo. 1723.   P. 156.

Woodson, Joseph – Daniel Sanborne writes his consent for
marriage of Joseph Woodson to his daughter Mary.
9 day of 11 mo. 1706.

MINUTE BOOK – PAGAN CREEK.

(Date of marriage not given. Date
on which "liberty given to marry when
they see fit").

Baley (Bailey), Tyrai and Patience Brassey.
15 day of 3 mo. 1746.   P. 13.

Bracey, Francis and Ann Jordan.
---------------1743.   P. 9.

Cheadles, John and Elizabeth Hargrave.
15 day of 1 mo. 1750.   P. 18.

Clarey, Barnes and Mary Jordan.
16 day of 5 mo. 1747.   P. 15.

Copeland, James and Martha Johnson.
17 day of 11 mo. 1744/5.   P. 17.

Copeland, Thomas and Mary Murrey.
18 day of 11 mo. 1749.   P. 17.

Denson, Benjamin and Mary Whitehead.
15 day of 8 mo. 1747.   P. 15.

Denson, Joseph and Christian Eley.
19 day of 2 mo. 1744.   P. 10.

Denson, William and Ann Watkins.
16 day of 5 mo. 1747.   P. 15.

Draper, Thomas and Patience Denson.
6 day of 7 mo. 1739.   P. 4.

Hargrave, Jesse and Naomey Sebrell.
16 day of 1 mo. 1748/9.   P. 17.

Hargrave, Samuel and Sarah Pretlow.
5 day of 9 mo. 1741.   P. 7.

Hollowell, Absalom and Mary Hargrave.
 19 day of 2 mo. 1750.   P. 18.

Hollowell, Denson and Martha Cofield.
 16 day of 4 mo. 1752.   (Intention of marriage
                           published for first time.)

Hollowell, Joseph and Martha Williams.
 2 day of 8 mo. 1740.   P. 5.

Hollowell, William and Sarah Cofield.
 16 day of 3 mo. 1751.   P. 20.

Johnson, Jacob and Mary Denson.
 3 day of 7 mo. 1741.   P. 7.

Johnson, Lazarus and Mary Outland.
 15 day of 8 mo. 1747.   P. 15.

Johnson, Robert and Christian Outland.
 17 day of 11 mo. 1744/5.   P. 11.

Jordan, Josiah and Mourning Ricks.
 17 day of 2 mo. 1746.   P. 13.

Jordan, Mathew and Mary Bracy.
 20 day of 9 mo. 1746.   P. 14.

Jordan, Pleasants and Mary Corbin.
 3 day of 3 mo. 1739.   P. 3.

Ladd, Jesse and Margaret Whitfield.
 20 day of 12 mo. 1752.   P. 21.

Lawrence, John and Martha Ricks.
 --- 10 mo. 1740.   P. 5.

Matthis, Richard and Rebecca Pinner.
 4 day of 8 mo. 1739.   P. 4.

Newby, Joseph and Patience Jordan.
 15 day of 12 mo. 1749.   P. 18.

Newby, Thomas and Mary Pretlow.
 3 day of 9 mo. 1743.   P. 9.

Outland, John and Elizabeth Wilkinson.
 7 day of 3 mo. 1741.   P. 6.

Outland, John and Elizabeth Bracey.
 21 day of 11 mo. 1747.   P. 16.

Outland, Thomas and Elizabeth White.
 17 day of 11 mo. 1744/5.   P. 11.

Outland, William and Mary Ratcliff.
 5 day of 8 mo. 1738.   P. 2.

Outland, William and Rachel White.
    4 day of 12 mo. 1741.   P. 7.

Pinner, John and Sarah Scott.
    -- 10 mo. 1740.   P. 6.

Pleasants, John and Elizabeth Scott.
    -- 10 mo. 1740.   P. 6.

Pope, Richard and Ann Williams.   P. 14.
    16 day of 8 mo. 1746. (Intention of marriage published for first time)

Porter, John and Betty Denson.
    1 day of 10 mo. 1743.   P. 10.

Powell, Jacob and Sarah Bullock.
    3 day of 3 mo. 1739.   P. 3.

Pretlow, Joseph and Sarah Scott.
    2 day of 9 mo. 1738.   P. 2.

Pretlow, Thomas and Mary Ricks.
    17 day of 11 mo. 1744/5.   P. 11.

Ricks, Richard and Ann Garrett.
    19 day of 6 mo. 1751.   P. 20.

Scott, James Took and Christian Norsworthy.
    4 day of 11 mo. 1738.   P. 2.

Scott, William and Elizabeth Ricks.
    2 day of 10 mo. 1742.   P. 8.

Sebrell, Daniel and Margaret Jordan.
    16 day of 2 mo. 1747.   P. 14.

Sebrell, Moses and Sarah Hargrave.
    16 day of 3 mo. 1751.   P. 20.

White, Joshua and Mary Cornwell.
    15 day of 1 mo. 1750.   P. 18.

Whitehead, Lewis and Mary Watkins.
    20 day of 1 mo. 1746.   P. 12.

Wiggs, William and Lidia Sebrell.
    5 day of 6 mo. 1742.   P. 8.

MINUTE BOOK -- BURLEIGH, PRINCE GEORGE COUNTY.

Bailey, Edmond of Southampton Co. and Elizabeth Womble.
    19 day of 9 mo. 1762.   P. 108.

Clary, James of Southampton Co. and Martha, dau. of Peter
    Stevenson. 21 day of 7 mo. 1760. P. 107.

Davis, David of Southampton Co. and Lydia Kitchen.
    19 day of 12 mo. 1756.   P. 99.

Harris, Mathew of Isle of Wight Co. and Mary House of Southampton Co.
    22 day of 2 mo. 1775.   P. 120.

MINUTE BOOK — HENRICO MONTHLY MEETING.

Jordan, Benjamin, son of Benjamin Jordan of Isle of Wight Co. and Lydia Pleasants, dau. of Thomas Pleasants of Henrico County.
    6 day of 10 mo. 1741.   P. 201.

From Southampton County Marriage Bonds.

Bass, Thomas and Sarah English, both of Isle of Wight Co.
    March 27, 1788.

Carr, Thomas of Isle of Wight Co. and Charlotte Beal.
    June 25, 1789.

Chapman, John and Mary Simmons, both of Isle of Wight Co.
    February 17, 1789.

Coggan, William and Nancy Pierce, both of Isle of Wight Co.
    January 12, 1789.

Council, John of Isle of Wight Co. and Sally Joyner.
    January 29, 1784.

Daniels, Joshua and Sally Fulgham, both of Isle of Wight Co.
    February 26, 1789.

Davis, David and Priscilla Gray of Isle of Wight Co.
    August 15, 1789.

Eley, William of Isle of Wight Co. and Lucy Branch.
    April 1, 1778.

English, John and Priscilla Coffield, both of Isle of Wight Co.
    September 27, 1787.

Gordon, William of Isle of Wight Co. and Mary Parsons of Surry Co. April 22, 1788.

Gwaltney, James of Isle of Wight Co. and Mary White. January 15, 1789.

Holland, Everett of Isle of Wight Co. and Darkey Barrett. July 16, 1778.

Holleman, Christopher of Isle of Wight Co. and Elizabeth Inman of Surry County. October 21, 1787.

Lawrence, Hardy of Isle of Wight Co. and Amey Loyd. July 1, 1762.

Nelms, Ezekiel of Nansemond Co. and Elizabeth Britt of Isle of Wight County. July 27, 1788.

Outland, William and Rebecca Stringfield, both of Isle of Wight County. December 20, 1788.

Turner, Pierce and Betty Powell, both of Isle of Wight Co. September 11, 1787.

ERRATA.

Isle of Wight County Marriage Bonds.

(Omitted Bonds and corrections in those listed. Changes underscored.)

Page 65 - Bidgood, James and Nancy Dew. Nov. 21, 1792.
"   "   Bland, Thomas and Mary Waller. Dec. 2, 1791. (Widow).
"   "   Bowen, George and Anna Fatheree. Sept. 29, 1795.
"   68. Clements, George and Charlotte Marshall. Nov. 25, 1795.
"   "   Corbett, Johnson and Elizabeth Coffield, Nov. 27, 1783.
          Herring, Daniel and Hannah Hardy. Jan. 24, 1793.
              Surety, George Hardy.
          Inglish, Jesse and Martha Watkins. Mch. 18, 1793.
              Surety, John Inglish.

112.

Page 79. Inglish, Thomas and Holland Duck. Nov. 7,
Surety, Thomas ~~Johnson~~. 1796.
" 79. Mears, Richard and Christian Norsworthy
Widow. Aug. 4, 1784.
" 80. Morris, James and Sweeting Duke. Dec. 27,
1791.
" 84. Sampson, Peter and Rose McGrigory, (Widow)
June 5, 1783.
" 87. Weston, Samuel and Rhoda Bains.
Sept. 19, 1795.

MINISTERs' RETURNS.

" 100. William West and Fanny Parnell. Feb. 3, 1797.
" " Andrew Woodley and Elizabeth H. Harrison.
Nov. 9, 1797.

" 4. Insert Southampton County in reference for
Hardy Bevan to Dorcas Doyel.

" 16. Change 1742 to 1726 under James Day to
Ann Allen.

" 19. Change neice to sister in reference of
George Fearn to Catherine Dew.

" 21. Insert reference, W. & D. B. 2 (Rev) P. 10.
for Peter Garland to Joan Wilson.

" 22. Insert the symbol, # before Brewer Godwin
and ----- Fulgham.

" 48. Anthony Spiltimber not Benjamin married
Mary Harris.

" 53. James Watson not John married a daughter of
Samuel Wilson's.

113.

INDEX.
of
names of the women in the book,
and of the men in the Ministers' Returns.

Abbington, ------------ 12.
    Jane -------- 59, 79.
    Jenny ---------------- 93.
Abbitt,
    Elizabeth -------75, 96.
Adams,
    Ann ------------------ 93.
Addison,
    William ------------ 102
Allen,
    Ann -------------- 14, 16.
    Elizabeth, 6, 15, 68
                          95.
    Jean ---------------- 57.
    Judith --------------- 50.
Allmand,
    Ann ------------------ 52.
    Frances, ------------ 101.
    James ---------------- 99.
    Sarah ---------------- 91.
    Sophia --------------- 43.
    William ------------- 101.
Altman,
    ------------------ 56.
Amis,
    Frances ------------- 46
Andrews,
    Katy ----------------- 95.
Anthony,
    John ---------------- 100.
Applewhaite,
    Amy ------------------ 15.
    Ann ------ 22, 39, 53.
    Holland -------------- 12.
    John ----------------- 97.
    Josiah --------------- 93.
    Martha ---------- 63, 96.
    Mary, 4, 3, 45, 57
                        59, 85.
    Peggy ---------------- 94.
    Pheriba -------------- 55.
    Priscilla ------------ 45.
    Sally ------------ 27, 76.
    Sarah ------------ 33, 90.
Archer,
    Anne ----------------- 98.
    Mary ------------------ 1.
Armour,
    Mary ----------------- 30.
Armstrong,
    John ----------------- 93.

Arrington,
    Elizabeth ------------ 13.
Askew,
    Isaac ---------------- 97.
    James ---------------- 96.
    Mary ----------------- 85.
Atkins,
    Angelina ------------- 84.
    Ann ------------------ 77.
Atkinson,
    Angelina ------------- 84.
    Ann -------------- 34, 93.
    Frances -------------- 98.
    Hannah, ------------- 12.
    James ------------ 96, 97.
    Jesse ------------ 93, 96.
    Martha --------------- 25.
    Mary ------------- 29, 40.
    Sarah ---------------- 28.
    William -------------- 91.
Avery,
    Elizabeth ------------ 98.
    Jane ----------------- 94.
Ayres,
    Jane ----------------- 10.

Babb,
    Ann ------------------ 64.
    Chloe ---------------- 72.
    Fanny ---------------- 84.
    John ---------------- 100.
    Nancy ---------------- 81.
    Robert --------------- 91.
    Sally ---------------- 98.
    Sarah ------------ 21, 39.
Bagnall,
    Charles -------------- 92.
    Charlotte ------------ 80.
    Easter --------------- 38.
    Juliana -------------- 41.
    Mary ------------- 41, 91.
    Polly ----------- 79, 101.
    William ---------- 92, 99.
Baker,
    Ann ------------------ 37.
    Catherine ------------ 36.
Bains,
    George --------------- 93.
    Rhoda ---- 87, 101, 102.

Baldwin,
    Sarah --------- 8, 97.
    Silvia ------------- 68.
Banks,
    Benjamin --------- 98.
    Clara ----------- 78.
    Clary ----------- 9.
    Polley ---------- 91.
Bancroft,
    Elizabeth -------- 46.
    Jane ------------- 36.
Barden,
    Susanna ---------- 53.
Barkley
    Milly ----------- 18.
Barlow,
    Ann -------------- 53.
    Benjamin --------- 97.
    Caty ------------ 100.
    Constance -------- 91.
    Elizabeth -------- 3.
    Fanny ------------ 96.
    James ------------ 97.
    Lucy ---- 64, 68, 98.
    Martha ----------- 61.
    Nancy --------- 82, 93.
Barmer
    Angelina --------- 90.
    Sarah ------------ 74.
Barnes,
    Diana ------------ 10.
    Henry ------------ 98.
    Sarah ------------ 97.
Barrett,
    Darkey ---------- 111.
Bashfoot,
    Mary ------------- 98.
Bateman,
    Barsheba ----- 88, 99.
Batten,
    ----------------- 48.
    Lemuel ----------- 97.
    Martha -------- 83, 96.
    Samuel ----------- 98.
    Sarah ------------ 53.
Bayley,
    ----------------- 83.
    Lemuel ----------- 96.
Beal,
    Charlotte ------- 110.
    Honour -------- 53, 71.
    Mary ---------- 34, 39.
    Nancy ------------ 98.
    Rachel ----------- 17.
    Sally --------- 78, 97.
Bachinee,
    Mary ---------- 22, 24.

Bell,
    ------------------ 5.
    Alice ----------- 56.
    Ann ------------- 18.
    Elizabeth ------ 100.
    James ----------- 97.
    Martha ---------- 96.
    Mary ------------ 7.
    Rebecca --------- 98.
    Stephen --------- 91.
Belson,
    Elizabeth -- 103, 106.
    Mary ------- 104, 106.
Benn,
    Arthur --------- 102.
    Francis --------- 45.
    Cearo ----------- 98.
    Mary ------------ 58.
Bennett,
    ----------------- 28.
    James -------- 95, 102.
    Jane ------------ 11.
    Lucy ------------ 49.
    Martha ---------- 17.
    Sally ----------- 96.
    Silvester ------- 36.
Berkley,
    Peggy ----------- 68.
Best,
    Susanna --------- 74.
    Thomas ---------- 98.
Bethesa,
    ----------------- 53.
Betts,
    Luckey ---------- 98.
Bevan,
    Mary ------------ 24.
Bidgood,
    Ann ---------- 77, 99.
    Francis --------- 91.
    James ----------- 97.
    Martha ---------- 78.
    Samuel ---------- 92.
    William --------- 91.
Binn,
    Katherine ------- 91.
Binthall,
    William --------- 90.
Bird,
    Bethiah --------- 54.
    Jane ------------ 57.
    Susannah -------- 31.
Blow,
    Ann ---------- 53, 93.
    Elizabeth ------- 6.
    Samuel ---------- 94.

Blunt,
    ---- 13, 36
    Ann ---- 58
    Priscilla ---- 51.
    Rebecca ---- 35.
    Sarah ---- 57.
Boazman,
    Mary ---- 1, 43.
Bocock,
    Martha ---- 89, 98.
Body,
    Elizabeth ---- 15.
    Mary ---- 7.
Bond,
    Nancy ---- 85, 100.
Bones
    Sampson ---- 92.
Boon
    Rebecca ---- 90.
    Selah ---- 5.
Booth,
    Mary ---- 45.
    Patience ---- 28.
Bounds,
    Mary ---- 90.
    Thomas ---- 90, 94.
Boutcher,
    Elizabeth ---- 3.
Bowden
    Elias ---- 90.
    Nancy ---- 80, 96.
    Peggy ---- 10.
    Rhody ---- 91.
Bowles,
    Elizabeth ---- 61.
Bowzer,
    Dolly ---- 65, 92.
Boyce,
    Celia ---- 30.
Boyd,
    Thomas ---- 93.
Boykin,
    Margaret ---- 52.
    Mary ---- 45.
Braddy,
    Ann ---- 36.
Bradley,
    Catherine ---- 98.
    David ---- 96.
    Henry ---- 97.
    Rhoda ---- 91.
    Samuel ---- 94.
Bradshaw,
    Elizabeth ---- 67.
    Martha ---- 15
Bragg,
    Elizabeth ---- 45, 49.
    Mary ---- 38.
    Sarah ---- 17.
Branch,
    Ann ---- 27.
    Lucy ---- 110
    Sarah ---- 34.
Brantley
    Ann ---- 79, 94.
    Mary ---- 16, 91.
    Sarah ---- 30, 99.
    Silvia ---- 54.
    Richard ---- 95.
    Thomas ---- 92, 97.
    Unity ---- 63, 93.
    Winney ---- 89, 96.
Braswell,
    Ann ---- 2.
    George ---- 96.
    Jane ---- 45, 49.
    Milly ---- 98.
    Rebecca ---- 31.
    Sally ---- 78, 96.
Bressie, (Brashier, Brecy
    Bresie, Brisey etc.)
    Catherine ---- 89.
    Elizabeth - 3, 59, 108.
    Lucy ---- 93.
    Margaret ---- 104.
    Mary ---- 31, 43, 108.
    Miltonan ---- 23.
    Nancy ---- 95.
    Patience ---- 107.
    Patty ---- 98.
    Polly ---- 87, 97.
    Sarah ---- 88.
    Sellaway ---- 100.
    Solomon ---- 99.
    Susannah ---- 7, 81, 104.
    Tabitha ---- 71, 97.
    Tasty ---- 97.
Brewer,
    Ann ---- 27.
    Juliana ---- 26.
    Martha ---- 82.
Briand,
    Elizabeth ---- 13.
Bridelle,
    Ann ---- 24.
    Mary ---- 16, 108.
Bridger,
    Catherine ---- 5.
    Elizabeth ---- 85.
    Hester ---- 56.
    Judith ---- 5.
    Keziah ---- 91.
    Martha ---- 30.

Bu...,
   Mary ---- 35, 41, 50,
             79, 81, 94.
   Sally ----------------- 8.
   Sucy ---------------- 35, 27.
   Susann- ------------- 86.
   ... y ----------------- 76.
Bui.e
   Elizabeth ---- 35, 68, 7.
   John ---------------- 102.
   Priscilla ----------- 80.
   Sally ------------- 83, 93.
Brisson,
   Mary --------------- 86.
Britt,
   Ann ---------------- 12.
   Britain ----------- 100.
   Coty --------------- 27.
   Elizabeth --------- 111.
   Holland --------- 84, 97.
   Sally -------------- 62.
Broadfield,
   John --------------- 91.
Brock,
   Benjamin ----------- 95.
   Elizabeth ------- 48, 71.
Bromfield,
   Ann ---------------- 9.
   Mary --------------- 48.
   Olive -------------- 42.
Brown & Browne,
   -------------------- 40.
   Edan --------------- 36.
   Elizabeth --- 16, 30, 93.
   Gusmavus L. -------- 98.
   Hester ------------- 53.
   Jane --------------- 97.
   Joseph ------------- 92.
   ... ---------------- 48.
   Martha ------------- 32.
   Mary ---- 4, 17, 95.
   Penelope ----------- 33.
   Ridley ------------- 50.
Bruce,
   Mary --------------- 15.
Bryan,
   Andrew ------------- 97.
   Mary ------------ 79, 97.
Bryant,
   Charles ----------- 101.
   William ------------ 96.
Dufkin,
   Dorothy ----------- 104.
Bul...,
   John --------------- 90.
Bullard,
   -------------------- 36.

Bullock,
   ...ia --------------- 90.
   B...on ------------ 101.
   Elizabeth -- 78, 97, 101.
   John ------------ 94, 96.
   Mary --------------- 42.
   Sarah ------------- 109.
   Thomas ------------- 94.
   William ------------ 91.
Bunkley,
   Martha ------------- 22.
   Mary --------------- 38.
   Moscy ---------- 75, 103.
Burgh
   Elizabeth --------- 104.
   Margaret ---------- 104.
Burk,
   Mournin ------------ 80.
   Sarah -------------- 40.
Burnell,
   Ellis -------------- 47.
Burnets,
   John --------------- 45.
   William ------------ 98.
Bushell,
   Mary --------------- 37.
Butler,
   Lilly -------------- 77.
   Mary ----------- 81, 93.
   Sarah --------- 83, 101.
Butts,
   Eleanor ------------ 47.
Burton,
   James -------------- 94.

Calcote,
   Alice -------------- 58.
   Elizabeth ---------- 16.
   Florintine --- 92, 100.
   Mary --------------- 54.
Calthorpe,
   Mary --------------- 3.
Campbell,
   ------------------- 101.
   Martha ------------- 90.
   Thomas ------------- 91.
   William -------- 91, 97.
Champion,
   Sarah ------------- 103.
Cannaday (Kanedy),
   ------------------- 22.
   Joanna ------------- 6.
Carr,
   Amey --------------- 64.
   Eleanor ------------ 18.

Carr
    Elizabeth--------69,81
    Honour------------85
    Mourning----------71
    Patience----------84
    Robert------------95
Carroll (Carrell)
    Comfort-----------41
    James-------------95
    Joyce-------------54
    Mary-----------65,92
    Mildred-----------34
    Patience----89,92,101
    Thomas------------99
Carstaphen
    William--------91,98
Carter
    Eleanor-----------24
    Mary--------------94
    Richard-----------93
    William-----------93
Cary
    Comfort-----------36
Casey
    -----------------36
    Celia----------29,95
    Elizabeth---------75
    Francis-----------90
    Harty-------------62
    Martha---------57,67
    Sarah-------------47
    Thomas------------97
Cason
    Richard-----------99
Chambers
    Mary--------------25
Champion
    Elizabeth------42,97
Chapman
    -----------------44
    Charlotte---------78
    Chloe-------------96
    Chloete-----------70
    Elizabeth--------100
    Fanny-------------48
    Francis-----------21
    John--------------94
    Lewis-------------95
    Lydia---------31,102
    Mary-------48,68, 94
    Patience----------62
    Polly-------------13
Channell
    Fanny----------64,98
Chappell
    Mary--------------77

117

Charity
    Milly-------------88
Chestnutt
    -----------------40
    Martha------------35
Church
    Elizabeth--------103
Clack
    William-----------96
Clark
    ------------15,34,40
    Jane--------------2
    Jesse-------------96
    Joanna------------58
    John------91,94,98,100
    Joseph------------91
    Katherine---------32
    Lemuel------------93
    Polly---------93,101
Claud
    Lidia-------------11
Clay
    Elizabeth---------5
    Sarah-------------3
Clayton
    James----------92,94
    Mary--------------52
    Rebecca-----------36
    Susanna-----------56
Clifton
    Sarah-------------46
Cobb
    -----------------58
    Elizabeth---------28
    Margaret----------32
Cooke
    Elizabeth---------94
    John--------------94
Cocken
    -----------------23
Cofer (Copher)
    Anna--------------70
    Charity-----------27
    Chloe-------------91
    Conny---------66,96
    Diana-------------96
    Jabot-------------98
    James-------------90
    Joseph-----------101
    Moody-------------96
    Polly-------------98
Coffield
    Ann---------------81
    Elizabeth---------68
    Martha-----------108
    Priscilla-----71,110

Coffield,
    Sarah ———————— 108.
    William ——————— 94.
    Willis ————————— 90.
Coggan (Coggin),
    Ann ——————————— 49.
    Elizabeth ——————— 49.
    Henry ————————— 97.
    Julia ————————— 91.
    Patsey ———————— 69.
    Sally ————————— 98.
Cole,
    Tamer ———————— 89, 92.
Collins,
    Ann ——————————— 37.
Cook,
    Bridgett ——————— 62.
    James ————————— 92.
    John —————————— 94.
    Robert N. —————— 97.
    Sarah ————————— 60.
Cooper,
    Sarah ————————— 56.
Copeland,
    Elizabeth ——— 62, 95.
    Hannah ———————— 105.
    Isham ————————— 99.
    Mary ————————— 55, 103.
    Polly —————————— 94.
    Temperance ————— 79.
Corbell,
    Mary ————————— 108.
    Richard ———————— 101.
    Willis ————————— 94.
Cornwell,
    Mary ————————— 109.
    William ———————— 95.
Council,
    Agatha ————————— 69.
    Ann ——————————— 33.
    Christian ——— 8, 14.
    Lemuel ————————— 92.
    Lucy —————————— 58.
    Sarah —————————— 33.
Cowling,
    Betsey ————————— 87.
    Jesse —————————— 97.
    Josiah ————————— 39.
    Peggy ———————— 71, 95.
    Thomas ————————— 94.
Cox,
    Benjamin ———————— 90.
Crew,
    ——————————————— 4.
    Mary ————————— 103.
Crocker,
    Bethiah ——————— 86, 93.

    Drury ————————— 98.
    Francis ————————— 74.
    Martha ————————— 24.
    Mary —————————— 10.
    William ————— 94, 95.
Crudopp,
    ——————————————— 44.
Crumpler,
    Arthur ———————— 90.
Culley,
    ——————————————— 7.
Cunningham,
    Peter —————————— 92.
Cutchins,
    Amelia ——————— 80, 97.
    Elizabeth ——————— 104.
    Henrietta ———————— 46.
    Jane —————————— 88.
    Josiah ————————— 93.
    Louisa ——————— 80, 94.
    Polly —————————— 81.

Daniels,
    Betsey ————————— 82.
    Elias —————————— 101.
    Elizabeth ———————— 22.
    Giles —————————— 95.
    John —————————— 90.
    Martha ——————— 76, 97.
    Milly —————————— 83.
    Rebecca ———————— 67.
    Sally ——————— 73, 101.
Darby,
    George ————————— 101.
    Mary —————————— 94.
Darden,
    ——————————————— 21.
    Alice —————————— 44.
    Charity ————————— 98.
    Elizabeth ———————— 52.
    Thomas ————————— 97.
Davidson,
    Mary ——————— 85, 98.
Daughtrey,
    Elizabeth ——— 72, 75.
    Margaret ———————— 32.
    Mary —————————— 27.
Davis,
    Allen ————————— 100.
    Amy ——————————— 30.
    Constant ————— 85, 99.
    Elizabeth ———— 99, 100.
    Frances ————————— 56.
    Holland ————— 85, 101.
    Jane —————————— 28.

Davis,
    John------ 94, 95, 99.
    Josiah --- ------- 96.
    Juliana ---------- 33.
    Martha ---------- 74.
Dickinson,
    ---------- ---------- 6.
    Jacob------------- 97.
    Martha --------84,101.
    Mary ----------35, 57.
Dixon (Dixson, Dickson,),
    Martha ----------- 41.
    Mary -------------38.
    Mourning --------- 13.
    Murphy ----------- 99.
    Patience --------- 47.
    Penelope --------- 8.
    William ---------- 96.
Dodman,
    Margaret --------- 1.
    Susanna ---------- 35.
Doughtie, (Dowty),
    Addison -----------99.
    Elizabeth --------- 20.
    Mary ------------- 19.
    Matilda ---------- 63.
    Mildred ---------- 99.
    Polly ------------ 11.
    Rosey -----26, 75, 95.
Downes
    Ann -------------- 48.
Doyel,
    Dorcas ----------- 4.
Drake,
    Martha ----------- 56.
    Mary -------------56 .
Drew,
    Ann -------------- 61.
    Mary ------------- 25.
Driver,
    Ann -------------- 87.
    Dolphin ---------- 91.
    Elizabeth -------- 59.
    James ------------ 91.
    Joseph------------ 96.
    Lydia ------- 74, 99.
    Mary ----29,39,88, 90.
    Nancy ------------ 41.
    Olive -----------7, 56.
    Patsey --------33, 91.
    Polly ---- 21, 73, 97.
    Prudence --------- 29.
Drummond,
    Sarah ----- 61, 79, 99.
Dryton,
    Sarah ------------ 103
Duck,

Duck,
    Chaccy ---------- 75.
    Holland --------- 70.
    Honour ---------- 74.
    John ------------ 98.
    Sally ----------- 68.
Dugin,
    Molly --------75, 97.
    Joshua ---------- 99.
Duke,
    Elizabeth ------- 61.
    Martha ---------104.
    Sarah ----------105.
    Sweetin -75, 80, 97
Dunlop,
    Susannah -------- 61.
Dunston,
    ---------------- 39.
Dunley,
    Charlotte --- 83, 84.

Easson,
    Nathan ----- 83, 96.
    Mary ------------ 45.
Edmunds,
    Jane ------59,66,100.
Edwards,
    -------------- 13, 35.
    Ann -------------64.
           85, 90, 92.
    Anniston -------- 91.
    Cathy,
    Comfort --------- 91.
    David ----------- 96.
    Elizabeth ---84, 94.
    Francis--85, 98, 100.
    George ---------- 99.
    Henry ----------- 97.
    Holland---------- 82.
    Jesse ---- 92, 98.
    Josiah ---------- 95.
    L'Anson ---- 90, 100.
    Martha ---------- 51.
    Mary --------- 5, 34.
    Michael --------- 91.
    Nancy ----------- 79.
    Rebecca --------- 94.
    Sarah ---------6, 7.
    Skelton --------- 95.
Eldridge
    ---------------- 36.
Eley,
    Ann ------------- 90.
    Christian ------106.
    Elizabeth ------- 68.

Eley,
- John B. -------- 101.
- Lydia ---------- 64.
- Margaret -------- 77.
- Mary ----------91, 92.
- Patience -------- 77.
- Polly S. -------- 69.
- Priscilla ------- 12.
- Rebecca --------- 56.
- Sarah ---------33, 91.

Elliott,
- Betsey ---------- 63.
- Elizabeth ------- 96.

Elsberry,
- Joseph --------- 101.
- Thomas --------- 100.

Emson,
- Elizabeth ------- 60.

England
- Anne ------------ 5.
- Joyce ----------- 13.

English
- ------------15, 59.
- Alice ----------- 53.
- Ann ------------- 9.
- Frances --------- 36.
- Nancy ----------- 37.
- Priscilla -----33, 94.
- Sarah --------64, 110.
- Tabitha --------- 81.
- Thomas ---------- 90.

Evans,
- Katherine ------- 41.
- Peggy ----------- 94.

Everett,
- ---------------- 38.
- Ann ------------- 15.
- Betsey ---------- 91.
- Charlotte ------- 94.
- Elizabeth ----28, 45.
- Martha --------74, 96.
- Michael --------- 95.
- Samuel ---------- 92.

Ewell,
- Jesse ----------- 91.

Exum,
- Ann ------ 23, 54, 56.
- Christian ------- 36.
- Deborah --------- 29.
- Jane ------------ 89.
- Mary ------11, 31, 106.
- Mourning -------- 46.
- Olive ----------- 57.
- Patience -------- 61.
- Sarah ----------- 35.
- Susannah -------- 2.

Faircloth,
- Sarah ----------- 62.

Farrow,
- John --------97, 98.

Fatherlie,
- Anna ------------ 95.
- Chloe --------72, 96.
- Fanny ----------- 80.

Faulk,
- Mary ------------ 92.

Fearn,
- Lucy ---------89, 96.
- Machen ---------- 87.

Feneryear,
- Ann ------------- 20.

Fenn,
- Kae ------------- 20.

Fife,
- Mallachi -------- 94.

Fitchett,
- Randolph -------- 98.

Flake,
- Elizabeth ------- 26.
- Katherine -----19, 59.
- Mary ------------ 10.
- Robert ---------- 95.

Fleming,
- Ann ------------- 84.

Fletcher
- Patsey --------- 101.

Flint,
- Elizabeth ------ 101.
- Thomas ---------- 99.

Flood,
- Thomas ---------- 92.

Floyd,
- Mary ------------ 26.
- Joanna ---------- 34.

Fones,
- Priscilla ----78, 93.

Ford,
- Mary ------------ 50.

Foster,
- Judith ---------- 96.

Francis,
- Ann ------------- 13.

Frizzell,
- Isabel ---------- 46.
- Sally ----------- 33.
- Sarah ------- 74, 93.
- Susanna --------- 50.

Fry,
- Mary ------------ 45.

Fulgham,
- ------------22, 54.
- Charles -------- 101.

Fulgham,
    Charlotte -------- 68, 90.
    Elizabeth ------------ 31.
    Holland -------------- 95.
    Isabella ------------- 54.
    Jane ----------------- 16.
    Louisa --------------- 92.
    Martha ----------- 23, 34.
    Mary ----------------- 91.
    Mathew --------------- 98.
    Michael -------------- 95.
    Milly ------------ 72, 93.
    Nancy ---------------- 60.
    Polly ------------ 14, 20.
    Sally ---------------- 110.
    Susannah ------------- 55.
Fuller,
    Honour --------------- 1.

Gabriel,
    John F. -------------- 92.
Gadsbie,
    Ann ------------------ 32.
Gale,
    Alice ---------------- 19.
    Elizabeth ------------ 47,
             63, 71, 92.
    Patsey ----------- 72, 95.
    Polly ---------------- 27.
    Sarah ---------------- 94.
    Thomas ---- 92, 95, 96.
Garland,
    Deborah -------------- 14.
    Sarah ---------------- 35.
Garner,
    Elizabeth ------------ 94.
    James ---------------- 97.
    Keziah ---------- 77, 100.
    Patience ------------- 13.
    Penelope ------------- 3.
    Polly ---------------- 63.
    Priscilla ------------ 74.
    Thomas --------------- 92.
Garnes,
    Elizabeth ------------ 21.
    Polly ---------------- 96.
    Sarah ---------------- 35.
Garrett,
    Ann ------------------ 109.
    Catherine ------------ 106.
    Elizabeth ------------ 105.
Gaskins,
    Thomas --------------- 93.
Gaston,
    William -------------- 97.

Gay,
    --------------------- 33.
    Edward --------------- 91.
    John ----------------- 91.
    Joshua --------------- 90.
    Mary ----------------- 83.
George,
    Ann ------------------ 33.
    Elizabeth ------------ 97.
    Rebecca -------------- 33.
    Sarah ------------ 3, 33.
Gibbs,
    Betsey --------------- 83.
    Frances ---------- 40, 91.
    John ----------------- 97.
    Mary ------------- 64, 97.
    Patsey --------------- 86.
    Polly ------------ 63, 93.
    William -------------- 98.
Giles,
    --------------------- 14.
    Ann ------------------ 33.
    Ellenor -------------- 48.
    Elizabeth ---- 48, 83, 94.
    Katherine ------------ 33.
    Louisa --------------- 90.
    Lucy ----------------- 86.
    Philarita ------------ 28.
Glover,
    --------------------- 6.
    Ann ------------------ 37.
Godby,
    George --------------- 90.
    Russell -------------- 91.
Godfrey,
    Ann -------------- 76, 92.
    Sally ------------ 75, 98.
    William -------------- 97.
Godwin, (Goodwin),
    ----------- 17, 30, 42.
    Amelia --------------- 92.
    Ann -------------- 19, 61,
             67, 98, 102.
    Betsey ----------- 85, 95.
    Charlotte -------- 87, 94.
    Edmund --------------- 95.
    Edwin ------------ 91, 101.
    Elisha --------------- 100.
    Elizabeth ------- 4, 41, 43,
          48, 53, 54, 71,
          75, 99, 100.
    James ---------------- 100.
    Jeremiah ------------- 97.
    Jesse ---------------- 96.
    John ----------------- 94.
    Jonathan ------------- 102.
    Joseph ----------- 96, 98.

Godwin
　　H........ ------------20.
　　M.... ------------15.
　　　　　　22,84, 93.
　　Mary ------------17,44,
　　　　　　55,95, 97.
　　M.ience ------------41.
　　Polly ------------73.
　　　　　　89,97, 98.
　　Rebecca ------------42.
　　S.... ------11, 85.
　　Sophia ------------44.
　　Thomas ------------91.
　　William ------90,102.
　　Willis ------------101.
　　Wright ------------98.
Goodman,
　　Martha ------------60.
Goodrich,
　　Anne ------------32.
　　Elizabeth ------11, 26.
　　George ------------97.
　　Mary ------------92.
　　Honour ------------38.
　　Mary ------------9, 15.
　　Meshack ------------98.
　　Rebecca ------------25.
　　William ------------97.
Goodson,
　　------------101
　　Elizabeth ------------74.
　　Joanna ------------91.
　　John ------------100.
　　Nicholas ------------97.
　　Polly ------------83.
Graham,
　　Thomas ------------97.
Granberry,
　　Phoeba ------------91.
Gray
　　Angeline ------71, 97.
　　Ann ------56,88, 95.
　　Elizabeth ------------71.
　　George ------------101.
　　Henry ------------93.
　　James ------97, 101.
　　Jesse ------------93.
　　Joseph ------------97.
　　Josiah ------------96.
　　Mary ------------93.
　　Nancy ------63,102.
　　Nathaniel ------------99.
　　Patsey ------------85.
　　Priscilla ------------110.
　　Sally ------------91.
　　Samuel ------------96.
　　Sarah ------------51.

..y,
　　Susan. ------------73.
Green,
　　Bridgett ------------45.
　　Horatio ------------95.
　　Mary ------------4, 11.
　　　　　　15,55, 56.
　　Rachel ------69,95.
　　Sarah ------------12.
Greenwood,
　　Elizabeth ------------41.
Griffin (Griffeth),
　　------------17,39.
　　Ann ------------50.
　　Henrietta ------------51.
　　Jane ------------16.
　　Mary ------------4.
　　Patsey ------------98.
Gross (Groce),
　　Charles ------------95.
　　Jane ------------44.
　　Mary ------10, 60.
　　Sarah ------4, 94.
　　Susannah ------------34.
　　William ------------93.
　　Willis ------------101.
Gwaltney,
　　Anne ------------92.
　　Elizabeth ---33, 93.
　　Freeman ------------98.
　　Lucy ------------89.
　　Martha ------------95.
　　Mary ------91, 92.
　　Nancy ------------37.
　　Polly ------------98.
　　Sally ------68, 96.

Hadley,
　　Mary ------15, 69.
Haile,
　　------------6.
　　Lydia ------70, 89.
　　Mary ------------105.
　　Samuel ------------91.
Hall,
　　Ann ------58, 69, 93.
　　Ffelecia ------------105.
　　Frederick ------------90.
　　Mary ------92,106.
　　Thomas ------------101.
Halliford,(Holliford)
　　Amelia ------35, 92.
　　Willis ------------94.
Hampton,
　　------------37.
　　Elizabeth ------------47.

Hampton,
    Mary ---------------- 35
    Samuel ------------- 96.
Hancock,
    James -------------- 96.
    John --------------- 98.
    Mary ------------86, 96.
    Thomas ------------- 94.
Hannah,
    David ------------- 90.
Hansford,
    Ann ---------------- 3.
Harding,
    Martha ------------- 31.
    Sarah -------------- 23.
    Thomas ------------ 101.
Hardy,
    Deborah ------------ 61.
    Hannah ------------- 97.
    Isabel ------------- 35.
    Lucy --------------- 13.
    Mary --------------- 28.
    Olive -------------- 17.
    Priscilla ------79, 95.
    Sally -------------- 70.
    Sarah ------------- 100.
    William ------------ 97.
 Harrell,
    Nancy -------------- 63.
Harris,
    ------------------- 50.
    Alice ----------20, 48.
    Ann ---------------- 12.
    Elizabeth ---------- 66
    Fanny -------------- 18.
    Isabella ----------- 20.
    Lewis ------------- 100.
    Martha ------------- 29.
    Mary -------------9, 48.
    Polly ----------76, 96.
    William ------------ 96.
Harrison,
    ---------------26, 55.
    Ann ----------------- 1.
    Benjamin ----------- 91.
    Constance ---------- 57
    Constant ----------- 10.
    Elizabeth -----5, 65,
        89, 96, 100.
    Jordan ------------- 10.
    Margaret ------------ 1.
    Martha --------58, 89.
    Mary --------------- 55.
    Nancy -------70, 97.
    Prudence -------47, 85.
    Sally --------------- 8.
    Sampson ------------ 91.

    Sarah -------------- 17.
    Shadrack ----------- 91.
    Susannah ----------- 53.
Hart,
    Lemuel ------------- 98.
    Mary --------------- 94.
Harvey,
    James -------------- 98.
    Keziah ---------61, 95.
    Mary --------------- 76.
    Prudence -------88, 93.
Harwood,
    Mary --------------- 16.
Hatchell,
    Mary -------------- 100.
    William ------------ 93.
Hawkins,
    Catherine ---------- 23.
    Mason -------------- 90.
    Mary ---- 71, 92, 94.
    Priscilla ---------- 98.
Haynes,
    Sarah -------------- 29.
Heath,
    Elizabeth --------- 100.
    Polly ----------82, 100.
    Robert ------------- 95.
Hern,
    Deborah ------------ 45.
    Rachel ------------- 45.
Herring,
    Betsey ------------- 66.
    Daniel ------------- 97.
Hicks,
    Thomas ------------- 91.
Hill,
    ------------------- 50.
    Bethiah ------------ 12.
    Elizabeth ---------- 14,
        25, 86, 93.
    Martha -------------- 4
    Mary ------------26, 39.
    William ------------ 91.
Hilton,
    John --------------- 96.
Hitchens,
    Elizabeth ---------- 105.
Hobbs,
    Elizabeth ---------- 91.
    Margaret ----------- 25.
    Peter -------------- 92.
Hockaday,
    John --------------- 97.
Hodges,
    Hartwell ----------- 15.
    James -------------- 97.

Hodges,
    Mary ---------------25
Hodsden,
    Mary --------72, 91, 97.
Hole,
    Mary ---------------42
Holladay (Holliday),
    Ann ----------43, 85.
    Anthony-------------92.
    Elizabeth-----------91.
    Hannah ------------- 7.
    Hezekiah------------91.
    Holland-------------90.
    Jemima -------------95.
    Josiah--------------97.
    Mary --------7, 8, 32.
    Mills---------------97.
    Patsey --------73,102.
    Sarah --------------37.
Holland,
    Bathsheba ----------62.
    Betsey -------------94.
    Charlotte ----51, 86.
    Elizabeth ---67, 69,99.
    James --------------96.
    Juliet -------------66.
    Mary ---------------72.
    Patience -----------77.
    Polly ---------14, 101.
Holleman (Holliman),
    Ann---------2, 67, 95.
    John ---------------97.
    Lucy ---------------96.
    Martha ----------60,95.
    Mary ---------2, 11,87.
    Sally --------------74.
Holloway,
    Lazarus-------------90.
    Sally --------------92.
    William ------------96.
Hollowell
    Alice -------------106.
    Elizabeth ---------106.
Hooks
    ------------------- 18.
Hough,
    Chloe -------------- 47.
    Nancy -------------- 56.
    Polly --------------91.
    Sally -------------- 38
House,
    Martha --------83, 99.
    Mary ----------9, 110.
    Sarah -------------- 70.
    Susannah ----------- 7.
Howard,
    Catherine -------86, 96.

Henry ---------------91.
Howell,
    Caloe --------------75.
    Mary ---------------34.
            47, 74, 93.
    Patsey -------------75.
Hubard,
    Jane ---------------96.
    Jenny --------------81.
Hudson,
    Betsey ------67, 100.
    Elizabeth-----------11.
Huggens,
    Jane ---------------40.
Hunt,
    Joshua-------------90.
    Judith --------10,39.
    Mary ---------------18.
    Nancy --------------55.
Hunter,
    Elizabeth ---------91.
    Sally -------------100.
    Seth --------------100.
Hurst,
    Mary ------------- 30.
Hutchens (Hutchings),
    Esther ---------- 41.
    Mary --------------81.
    Milly ------65, 93.
    Patsey -----------101.
Hutchinson,
    ------------------- 88.
    John --------------98.
    Sarah ----------- 98.

Inglish (See English),
Ingram,
    Catherine ------- 58.
    Jane ------------- 4.
    Jemima ---------- 91.
    Sarah ----------- 34.
Inman,
    Elizabeth -------111.
Innes,
    ------------------21.
Izard,
    Ann ---------------19.
    Martha ------------46.
    Mary -------------- 4.
    Rebecca ----------- 2.

Jackson,
    -------------10,18,34.
    Jane --------------90.

Jackson
- Mary---------------- 25
- Sarah--------------- 48

Jacobs,
- Thomas--------------- 94

James
- Abel----------------- 93
- Caty----------------- 70
- Peggy-------------76, 98
- Polly---------------- 87

J'anson,
- Mary-----------------47

Jarrell
- Sarah---------------- 30

Jarvis
- Ann------------------ 94
- Nancy---------------- 68

Jeffries
- --------------------13

Jamica
- Henry---------------100
- John H.-------------- 95

Jenkins
- James---------------- 98
- Mary---------------6,88

Jennings,
- Mary----------------- 1

Johnson
- Anna----------------- 84
- Christian------------ 17
- Elias---------------- 98
- Elizabeth-------20,66,96
- Honour--------------- 12
- Isaac---------------- 94
- Jane----------------- 3
- Jemima--------------- 71
- Jemiah--------------- 77
- John-------------93,94,99
- Lydia---------------- 95
- Martha---------13,35,107
- Mary-29,66,101, 12, 21
- Rebecca------------20,51
- Sally-----------67,82,95
- Sarah---------------- 7
- Tempy---------------- 76

Johnston
- James----------------95

Joliff
- Sally---------------70,95
- Scarsbrook----------- 93

Jolly
- Sarah-------------80,94

Jones
- -------------------- 9
- Jones   27,29,40
- Ann---------------3, 4

Betsey----------- 91
Comfort----------60
Courtney-----84,92
Creasy----------82
David-----------96
Davis-----------99
Elizabeth-19,78,98
Esther----------11
Frances---------64
Frankey---------97
Frederick-------94
Henry----------101
Holland---------71
Isaac-----------99
Katherine-------23
Lemuel----------95
Lucy---------23,50
Lydia--------81,96
Martha----------29
Mary------------12
Nancy--------64,98
Nathaniel----93,100
Person----------98
Polly-----------84
Prudence--------40
Rebecca---------85
Sarah--------19,51
William---------98

Jordan
- ----------------42
- Ann------------107
- Christian------106
- Elizabeth --11,40,
  90,92,106
- Frances--------82
- Isham----------98
- John-----------92
- Lewis----------98
- Lois-----------94
- Margaret------109
- Mary---69-75,95,96
  97,107
- Nancy----------75
- Patience--30,31,108
- Patsey---------95
- Peggy---17,70,78,90
  95,100
- Polly-----69,84,101
- Rachel--------106
- Robert------95,100
- Sally---------101
- Sarah----------33
- Thomas---------95
- William--------90
- Wilmuth--------65

Joyner (Joiner),
	--------------------- 87.
	Catherine ---- 18, 91.
	Elizabeth ---- 8, 32.
	Martha ------------- 51.
	Mildred ------ 28, 101.
	Sally --------------- 110.
	Thomas ------------- 100.

Kae,
	Alexandera --------- 37.
	Ann ---------------- 45.
	Elizabeth ---------- 20.
Kelly,
	Michael ------------ 96.
Kemp,
	Nancy -------------- 65.
Kepps,
	Cornelia ------77, 93.
Kimball,
	John --------------- 100.
	Lolly --------86, 100.
Kinchin,
	Elizabeth ---------- 30.
	Martha ------------- 28.
	Patience ----------- 50.
	Sarah -------------- 22.
King,
	Anne --------------- 55.
	Esther -------57, 98.
	Juliana ------------ 49.
	Sally -------------- 8.
	Susannah ----------- 29.
Kitchen,
	Lydia -------------- 110.

Lancaster,
	------------------- 13.
	Elizabeth ---------- 41.
	Jerusha ------------ 101.
	Lucy --------------- 3.
	Martha ------------- 100.
	Mary --------------- 4.
	Nancy -------------- 86.
	Rebecca ------------ 97.
Lane,
	Mary ----------9, 28.
	Peggy -------------- 100.
	Sarah -------------- 25.
Lankford,
	Caty --------------- 19.
	Mary --------------- 77.
Lanimore

	Alice -------------- 52.
Lawrence,
	---------------- 9, 14.
	Ann 3, 18, 46.
	Celia -------------- 90.
	George ------------- 97.
	Holland -------75, 93.
	Isabel ------------- 105.
	John ----------94, 96.
	Joseph ------------- 98.
	Katherine ---------- 30.
	Margaret ----------- 14.
	Mary -- 50, 61, 76.
	           86, 94, 96.
	Nancy -------------- 84.
	Pamelia ------------ 69.
	Priscilla ---------- 55.
	Rhoby -------------- 91.
	Rix -----------93, 98.
	Robert ------------- 91.
Lee,
	Francis ------------ 90.
	Lucy --------------- 75.
Levy,
	Lazarus ------ 95, 99.
Lower,
	Martha ------------- 50.
Lewis,
	------------------- 32.
	Figuers ------------ 91.
	Jane --------------- 6.
	Joyce -------------- 5.
	Mary ---------- 20, 50.
	Rebecca ------------ 39.
Lightfoot,
	Elizabeth ---------- 37.
	Mary --------------- 44.
	Nancy -------------- 91.
	Patience ----------- 44.
	Sarah -------------- 83.
Llewellen,
	Eady --------------- 54.
	Mary --------------- 34.
Lowry,
	Isaac -------------- 97.
	Jennie ------- 55, 80.
Loyd,
	Amey --------------- 111.
Luck,
	Elizabeth ---------- 25.
	Martha ------------- 44.
	Sarah -------------- 54.
Luke,
	Catherine ---------- 55.
	Sarah -------------- 54.

Lundy,
  Elizabeth --------- 40.
Lupo,
  Ann -------------- 4.
  Mary --------- 5, 55, 97.
  Milly --------- 79, 96.
  Thomas ------------ 91.
Lynn,
  Henry ------------- 94.
Lynth,
  Jane -------------- 22.

Mackie,
  Charlotte --------- 60.
  Christian --------- 99.
  Elizabeth --------- 68.
Mackaniel,
  Elizabeth --------- 37.
Mackquinney,
  Elizabeth --------- 44.
Macon,
  Ann --------------- 33.
  Mary -------------- 26.
Maddox,
  ------------------- 55.
Madison,
  ------------------- 8.
  Ann --------------- 44.
  Elizabeth --------- 53.
Maggott,
  William ----------- 95.
Mahone,
  Sally ------------ 100.
  William ---------- 100.
Mainyard (Miniard),
  Joseph --------- 93, 97.
Mallory,
  Angelina ---------- 51.
  Martha ------------ 6.
  Mary -------------- 15.
  William ----------- 97.
Mallicote,
  ------------------- 58.
  John -------------- 93.
  Milly --------- 63, 97.
  Thomas ------------ 96.
Mandew,
  Hannah ------------ 56.
  Mary -------------- 23.
  Sarah ------------- 23.
Mangam,
  Frances ----------- 64.
  Josiah ------------ 96.
  Lucy ---------- 67, 95.

  Mary ---------- 74, 90.
  Mourning ---------- 96.
  Patsey ------------ 95.
  Peggy ------------- 65.
Mann,
  Sarah ------------- 15.
Marks,
  Honour ------------ 58.
  Rebecca ----------- 34.
Marshall,
  ------------------- 21.
  Ann ------------ 1, 5.
  Betsey ------------ 68.
  Charlotte --------- 68.
  Esther --------- 87, 92.
  Martha --------- 61, 70.
  Mary ---------- 26, 40.
  Sally ------------- 9.
Martin,
  James ------------ 101.
  Julia ------------- 90.
Mason,
  Edmund ------------ 97.
Matthews (Mathews),
  ------------------- 71.
  Ann --------------- 15.
  Benjamin ---------- 96.
  Elizabeth --------- 91.
  James ------------- 94.
  John -------------- 94.
  Mourning ---------- 90.
  Nancy ------------- 82.
  Richard ----------- 96.
  Samuel ------------ 90.
  William ----------- 95.
Mayo,
  Mary -------------- 61.
  Patience ---------- 3.
Meacon,
  Ann --------------- 42.
Mercer,
  ------------------- 64.
Michaels,
  Elizabeth --------- 98.
  Mary -------------- 90.
  Rose -------------- 62.
Midland,
  Mary -------------- 52.
Miller,
  Frances ----------- 62.
  Lucy -------------- 26.
  Margaret ---------- 57.
  Mary -------------- 27.
  Polly ------------- 81.
  Sarah ------------- 1.

Milner,
    Martha --------------- 91.
    Mildred --------------- 83.
    Miles ----------------- 99.
    Thomas ---------------- 92.
Mintz,
    Bathsheba ------------- 90.
Mister,
    Sally ----------------- 74.
Monro,
    Lydia ------------------ 8.
    Mary ------------------- 8.
    Urania ---------------- 13.
Montgomery,
    Elizabeth ------------- 10.
    Hugh ------------------ 91.
    Mary ------------------ 20.
Moody,
    Diana ----------------- 68.
    Elizabeth ------------- 12.
    Ishmael --------------- 99.
    Mary ------------------ 50.
    Nancy ------------ 87, 100.
    Phillip --------------- 98.
    Polly ------------- 80, 99.
    Sally ----------------- 87.
    Sarah ----------------- 99.
Moon,
    Mary ------------------ 23.
Moore,
    --------------- 12, 54.
    Aaron ----------------- 99.
    Ann ------------------- 54.
    Elinor ---------------- 41.
    Elizabeth ------------- 16.
    Jane ------------------- 9.
    Magdalen --------------- 9.
    Peggy ----------------- 73.
    Susannah -------------- 53.
Moreing,
    Elizabeth ------------- 94.
Moreland,
    Ann --------------- 57, 97.
Morris,
    Christian ------------- 20.
    Hannah ---------------- 24.
    James ----------------- 97.
    Sarah ----------------- 49.
    William --------------- 98.
Morrison,
    ---------------------- 99.
    John ----------------- 101.
    Margaret -------------- 31.
    Mary ------------------ 63.
    Nancy ----------------- 52.
    Peggy ---------------- 100.
Moscrop,
    ---------------------- 37.
    Jane ------------------- 1.
    Mary ------------------ 22.
Mountfort,
    Mary -------------- 85, 98.
    Micajah --------------- 100.
    Nancy ------------- 89, 97.
Munford,
    Mary ------------------ 23.
    Thomas ---------------- 96.
Munger,
    Mary ------------------ 14.
Murphrey (Murfrey),
    Charles --------------- 91.
    Dempsey --------------- 99.
    Elianor --------------- 32.
    Elizabeth ------------- 17.
    Jesse ----------------- 94.
    Margaret -------------- 32.
    Mary ------------------ 34.
Murry,
    ---------------------- 46.
    Elizabeth --------- 33, 62.
    Esther ---------------- 47.
    Mary ------------- 15, 107.
    Pattey ------------ 80, 93.
    Wilson ---------------- 98.

McClenchey,
    Thomas ---------------- 96.
McCloud,
    Norman ---------------- 93.
McCoy,
    Adam ------------------ 94.
    Charlotte --------- 76, 92.
    Elizabeth --------- 65, 88.
    Samuel --------------- 102.
McGrigory,
    Rose ------------------ 84.
McIntosh,
    Isabel ---------------- 65.
McWilliams,
    Thomas ---------------- 96.

Nash,
    Hester ----------------- 7.
Nelms,
    ---------------- 23, 20.
    Mary ------------------ 12.
    Rachel ------------ 80, 99.
Nelson,
    Elizabeth, ------------ 88.

Nelson,
   John --------------- 97.
Neville,
   -------------------- 47.
   Amelia -------------- 99.
   Ann ----------------- 24.
   Martha -------------- 3.
   Rachell ------------- 8.
   Tempy ----------79, 96.
   Thomas -------------- 91.
Newby,
   Ann ----------------- 49.
   Dorothy ------------- 103.
Newman,
   Chloe --------------- 47.
   Elizabeth------ 63, 97.
   Jennet -------------- 82.
   John ---------------- 91.
   Mary ---------------- 8.
   Nancy --------------- 63.
   Nelly --------------- 92.
   Patsey ---------73, 97.
   Solomon ------------- 96.
Newsum,
   Joel ---------------- 92.
   Sarah --------------- 3.
Nichols,
   -------------------- 15.
Nicholson,
   Mariable ------------ 43.
   Robert -------------- 93.
Nixon,
   Samuel -------------- 95.
Nollibey,
   Ishelope ------------ 44.
Norsworthy (Norseworthy),
   Benjamin ------------ 101.
   Charlotte--18, 80, 93.
   Christian--46, 79, 109.
   Cittey -------------- 77.
   Elizabeth-- 6, 36, 42,
               44, 60, 97.
   Fanny --------------- 88.
   Jane ---------------- 60.
   Joseph -------------- 102.
   Martha -----5, 6, 50,
             61, 78, 85.
   Mary ----------24, 50.
   Nanney ---------86, 94.
   Patsey -------------- 94.
   Peggy ----------67, 91.
   Polly --------------- 88.
   Rachel -------------- 55.
   Sally --------------- 20.
Norwood,
   ---------------11, 25.

Noyall,
   Ann ----------------- 25.
   Rachel -------------- 6.

Ogburne,
   Ann ----------------- 45.
Oglethorpe,
   Katherine ----------- 2.
   Sarah --------------- 2.
Oliver,
   Eleanor ------------- 12.
   John ---------------- 90.
   Mary ---------------- 52.
Oney,
   Elizabeth ----------- 2.
   Mary ---------------- 2.
Orr,
   Mary ------------ 76, 97.
Outland (Oudelant),
   Christian ------ 104, 108.
   Jenny --------------- 81.
   John ---------------- 98.
   Mary ---------------- 108.
   Nancy ------- 89, 94, 98.
   Peggy --------------- 39.
   Polly ----------- 79, 96.
   Rebecca ------------- 65.
Owen,
   Ann ----------------- 106.

Page,
   Mary ---------------- 105.
   Rebecca ------------- 103.
Parker,
   Ann ----------------- 10.
   Holland ------------- 81.
   Isabella ------------ 54.
   Mary ------------27, 83.
   Rachel ----------38, 91.
   Sally --------------- 75.
Parkinson,
   John ------------ 90, 94.
Parmento,
   Mary ------------ 21, 37.
Parnell (Parnall),
   Catherine ------- 66, 92.
   Fanny --------------- 100.
   Mary ---------------- 56.
   Sally ----------- 72, 97.
   Sweeting ------------ 42.
   Willis -------------- 92.
Parr,

Parr,
- Betsey,----------- 83.
- Elizabeth------- 79, 96.
- Flora ------------- 101.
- Hannah ------------ 10.
- Jordan ---------94, 101.
- Mary -------------- 51.
- Patsey ------------ 96.
- Peggy ------------- 90.
- Richard ----------- 100.
- William ----------- 100.

Parsons,
- Mary -------------- 111.

Partridge,
- Mary -------------- 105.

Pasteur
- Mary -------------- 90.

Patrick,
- William ----------- 96.

Patterson,
- Polly ------------- 78.

Pedin,
- Elizabeth --------- I.
- Esther ------------ 57.
- Mary ---------- 88, 96.

Peele,
- Thomas ------------ 95.

Penny,
- Catherine --------- 66.
- Francis ----------- 40.
- Mary -------------- 35.

Perry,
- Grace ------------- 10.

Person,
- -------------- 25.

Pettit,
- George ------------ 93.

Phillips,
- Joel -------------- 99.
- Lucy ---------- 88, 99.
- William ----------- 92.

Pierce (Peirce),
- Elizabeth --------- 49.
- John ---------- 96, 101.
- Mary -------------- 13.
- Nancy ------------- 110.
- Richard ----------- 99.

Pinhorn,
- John -------------- 99.
- William ----------- 95.

Pinner,
- Betsey --------48, 101.
- Elizabeth --------- 91.
- Jeremiah ---------- 91.
- Mason ------------- 91.
- Rebecca ----------- 108.
- Tabitha ----------- 73.

Thomas------------101.
William -------91, 93.

Pitman,
- Ann --------------- 90.
- Cherry -------- 84, 99.
- Elizabeth ---- 70, 99.
- Mourning ---------- 90.
- Polly ---------85, 100.

Pitt,
- -------------- 6, 7.
- Ann-------22, 43, 77,
- -------------- 94.
- Catherine --------- 91.
- Elizabeth--7, 24, 36,
  54, 91, 98.
- Esther ------ 73, 101.
- Hester ------- 6, 50.
- Ishmiah ------91, 93.
- James ------------- 98.
- Julia ------------- 51.
- Lucy -------------- 94.
- Martha ------------ 38.
- Mary ----- 5, 6, 54.
- Patience -----20, 97.
- Priscilla ----14, 60.
- Prudence ---------- 17.
- Purnell -----------101.
- Sarah ------- 36, 38.

Pleasants,
- Lydia ------------- 110.

Ponsonby,
- Mary -------------- 29.

Poole,
- Christian --------- 24.

Pope,
- Betsey ------------100.
- Elizabeth -----70, 96.
- Mary -------------- 94.
- Pamelia ----------- 73.
- Sarah ------------- 14.
- Robert ------------ 94.
- Winney ------------ 78.

Porter,
- William ----------- 92.

Portis,
- Susannah ---------- 20.

Portlock,
- Lydia ------------- 52.

Powell,
- -------------- 66.
- Amelia ------------ 21.
- Ann ----------22, 44.
- Betty --------86, 111.
- Catherine --------- 91.
- Elizabeth --------- 42,
  61, 72, 100.

Powell,
- George --- 96.
- James --- 98.
- Lucretia --- 12.
- Martha --- 71, 100.
- Mary --- 4, 25, 27, 83, 98.
- Mourning --- 16.
- Patsey --- 96.
- Rebecca --- 55, 107.
- Sarah --- 28.
- Seymore --- 98.
- Thaddeus --- 98.

Powers,
- Elizabeth --- 14.

Presson,
- Elizabeth --- 98.

Pretlow,
- Ann --- 92.
- Joseph --- 93.
- Mary --- 93, 108.
- Sarah --- 107.

Price,
- Martha --- 2.
- Mary --- 4.

Proctor,
- Betsey --- 80.

Provan,
- John --- 96.

Pruden,
- Abraham --- 97.
- Nathaniel --- 91.
- Eunice --- 97.

Purdie,
- Mary --- 70.

Pursell,
- Isabella --- 55.
- Mary --- 20, 90.
- Patience --- 19.

Pyland (Piland),
- Elizabeth --- 18.
- James --- 93.

Quay,
- Elizabeth --- 74.

Raiford,
- Mary --- 59.
- Sarah --- 59.

Rand,
- Catherine --- 21.
- Mary --- 48, 85.
- Sophia --- 24.

Randolph,

Randolph,
- Peyton --- 94.

Ratcliff,
- Elizabeth --- 104.
- Mary --- 38, 105, 108.
- Rebecca --- 31, 104.
- Sarah --- 105.

Rawles,
- Polly --- 66.

Rawlings,
- Mary --- I.

Rayner,
- Joanna --- 53.

Red,
- Josiah --- 94.

Reid,
- James --- 97.

Revell,
- Humphrey --- 90.

Reynolds,
- Dorcas --- 5, 58.
- Elizabeth --- 31, 38.
- Jane --- 10.
- John --- 99, 101.
- Martha --- 63, 93.
- Randall --- 102.
- Randolph --- 101, 102.
- Rowland --- 93.
- Susannah --- 51.

Rhodes,
- Mary --- 84, 88.

Rice,
- Martha --- 104.

Richards,
- Elizabeth --- 86, 92.
- Mary --- 22, 36, 49.
- Millie --- 70.
- Patience --- 23.
- Prudence --- 17.
- Sarah --- 60.

Richardson,
- Mary --- 32.
- Rebecca --- 10.

Ricks,
- Ann --- 35.
- Elizabeth --- 43, 46, 109.
- Jane --- 47.
- Lydia --- 3.
- Martha --- 32, 108.
- Mary --- 104, 109.
- Mourning --- 31, 108.
- Patience --- 31.

Rider,
- Thomas --- 92.

Riddick,
- Ann --- 89, 92.
- Jean --- 103.

Ridley,
    Elizabeth --------7, 30.
    Lydia --------------- 42.
    Mary ---------------- 30.
Riggon,
    John ---------------- 96.
Roberts,
    Jane ---------------- 46.
    Mary ---------------- 39.
    Milla --------------- 76.
Robertson,
    Peggy ----------75, 96.
Rodway,
    Patience ------------ 59.
Rodwell,
    Elizabeth ----------- 2.
Rogers,
    Michael ------------101.
    Richard ------------- 96.
Rose,
    Lucy ---------------- 49.
Rositer,
    Ann ----------------104.
Rountree,
    Charles ------------101.
Rutter,
    Martha --------------- 1.

Sampson,
    Ann ----------------- 76.
    Elizabeth ----------- 11.
    Margaret ------------ 57.
    Peter --------------- 96.
Sanborne,
    Elizabeth ----------- 31.
    Mary ---------------107.
Saunders,
    Betty ---------------- 9.
    Catherine ----------- 42.
    Elias --------------- 94.
    Elizabeth -- 44, 67, 86.
    John ---------------- 97.
    Martha -------------- 59.
    Mary ------------ 87, 92.
    Sarah --------------- 18.
Sawyer,
    Elizabeth ----------- 54.
Scott,
    Ann ----------------- 39.
    Courtney ------------ 41.
    Elizabeth ------- 2, 93,
                           104, 109.
    Mourning ------------ 13.
    Sarah --- 27, 107, 109.

Seagrave,
    Francis ------------- 46.
    Lucretia ------------ 51.
Sebrell,
    Lidia --------------109.
    Naomi --------------107.
Segar,
    Nancy --------------- 71.
Sellaway,
    Elizabeth ------------ 1.
    Margaret ------------ 46.
    Mary ------------ 23, 49.
Seward (Seaward),
    Mary ---------------- 29.
    William ------------- 99.
Sharpe,
    -------------------- 44.
Shaw,
    ---------------- 32, 48.
    Mary ---------------- 55.
Shelly,
    Benjamin ------------ 98.
    Nancy ----------- 80, 96.
    Sally --------------- 98.
    Thomas -------------100.
Shepherd,
    -------------------- 45.
    Stephen ------------- 95.
Sherrer (Sherrod, Sherwood)
    Eleanor ------------- 50.
    John ---------------- 90.
Shields,
    Mary ---------------- 98.
Shivers,
    Betsey -------------- 92.
    Elizabeth ----------- 60.
    Polly ----------- 65, 98.
    Peter --------------- 92.
    Sally --------------- 41.
    Temperance ----- 84, 98.
Simmons,
    Ann ------------- 24, 45.
    Elizabeth ----------- 28.
    Lucy ------------- 4, 45.
    Mary ------- 11, 19, 110.
Skelton,
    Elizabeth ----------- 51.
Skinner,
    Elizabeth ----------- 44.
Small,
    Arey ---------------103.
Smelly (Smellie, Smelley),
    Ann ----------------- 62.
    Eleanor ------------- 21.
    Elizabeth ----------- 31.
    Jean ---------------- 58.

Smelly,
    Patsey -------------- 19.
    Sally --------------- 74.
    Sarah --------------- 99.
Smith,
    ------------27, 38,   43.
    Ann ------- 2, 19,   35,
              30, 54,   82.
    Betsey -------------- 49.
    Elizabeth -29, 39,   70,
              77, 98,   99.
    Holland ------------- 82.
    James --------------- 94.
    Jane ------------4,   45.
    Jenny ----------78,   100.
    John ---------------- 90.
    Joseph -------------- 90.
    Leodowick ----------- 65.
    Martha --------- 6,   16.
    Mary ------ 9, 27,   34,
              41, 60,   67.
    Nancy --------------- 73.
    Nicholas ------91,   99.
    Olive --------------- 27.
    Pamelia --------72,   92.
    Samuel ----99, 100,   101.
    Sarah ----- 5, 8,   66.
    Stephen ------------- 93.
    Thomas -------------- 92.
    William ------------- 94.
Spence
    Elizabeth ----------- 34.
Spiltimber,
    Martha -------------- 28.
Stantlin,
    Julian -------------- 52.
Stallings,
    Lucy ---------------- 89.
    William -------90,   98.
Stamp,
    Samuel --------------101.
Staples,
    -------------------- 44.
Stephenson
    Elizabeth ----------- 49.
    Esther -------------- 7.
    Jane ---------------- 49.
    Martha -------------- 11.
Stevens,
    Elizabeth ----------- 84.
    John ---------------- 98.
Stevenson,
    Martha --------------109.
Stoakley,
    Ada ----------- 68,   101.
    Betsey -------- 82,   93.
    Edmund -------------- 92.

    Elizabeth -------73, 100.
    Nancy --------------- 101.
Stott,
    Thomas -------------- 100.
Street,
    Ann ----------------- 48.
    Mary -----------34,   55.
    Sarah --------------- 51.
Stringfield,
    Chloe --------------- 98.
    Jacob --------------- 91.
    Jemima -------------- 64.
    Joseph -------------- 90.
    Rebecca -------- 81, 111.
Stroud,
    John ---------------- 94.
Stuckie,
    Charlotte ------ 66, 101.
    Elizabeth ------ 66,   96.
    Nancy --------------- 91.
Sullivan,
    Mary ---------------- 81.
Summerell,
    Jane ---------------- 26.
    Lydia --------------- 21.
    Mary ---------------- 52.
Sumner,
    Daniel --------------101.
Surby,
    Elizabeth ----------- 28.
    Margaret ------------ 49.
Sykes (Sikes),
    -------------------- 16.
    Polly --------------- 86.
    Sally --------------- 98.

Taberer,
    Christian ----- 31,   105.
    Mary ---------------- 53.
    Ruth ---------------- 38.
Taliaferro,
    William ------------- 94.
Tankard,
    William ------------- 91.
Tarleton,
    Sarah ---- 38, 77,   94.
Tate,
    Patsey --------------102.
Taylor,
    Ann ----------------- 8.
    Frederick ----------- 97.
    Luke ---------------- 93.
    Mildred ------------- 98.
    Moore --------------- 77.

Taylor,
  Nancy — 101.
  William — 100.
Terrell,
  Patience — 31.
Thomas,
  Ann — 19.
  Elizabeth — 99.
  Jesse — 98.
  Jordan — 96.
  Mary — 21, 23.
  Mathew — 92.
  Nancy — 76, 97.
  Olive — 92.
  Phillip — 96.
  Polly — 69, 96.
  Richard — 98.
  Sally — 52.
  Sarah — 26.
  Tabitha — 24.
Thompson,
  Henry — 99.
  Mary — 92.
Thornton,
  Rebecca — 27.
Thrope (Thropp),
  Margaret — 8.
  Mary — 25, 36.
  Sarah — 21, 25.
  Stratfield — 41.
Todd,
  Martha — 94.
Toler,
  Ann — 95.
  Elizabeth — 63.
  Jesse — 94.
Tomlin,
  — 51.
  Arthur — 90.
  Caty — 98.
  Eady — 90.
  John — 95.
  Lucretia — 25.
  Martha — 49.
  Mary — 43.
  Rebecca — 101.
  Sarah — 87.
Tomkins,
  Mary — 46, 103.
Took,
  Dorothy — 26.
  Joan — 106.
Toule,
  Susannah — 7.
Trother,
  Elizabeth — 92.

Trusty,
  Daphney — 94.
Tucker,
  Abby — 66, 98.
  Patsey — 80, 99.
Turner,
  Elizabeth — 30.
  Honour — 91.
  Jesse — 93.
  John — 96.
  Lydia — 99.
  Mary — 17, 90.
  Mathew — 95.
  Nancy — 73, 97.
  Patience — 66.
  Sally — 88.
  Sarah — 99.
  Vines — 93.
  William — 100.
Tynes,
  — 16, 32, 36.
  Benjamin — 93.
  Elizabeth — 59.
  Jane — 20.
  Margaret — 39.
  Sally — 78.
  Sarah — 43.

Underwood,
  Ann — 57.
Uzzell,
  Elizabeth — 68, 94.
  Julia — 67.
  Mary — 14, 69, 82, 94, 99.
  Patsey — 88.
  Rebecca — 75.
  Silvia — 99.

Valentine,
  Mary — 40.
Van Wagenum,
  Garrett — 94.
Vasser,
  Elizabeth — 9.
Vaughan,
  Peggy — 72.
Vellines,
  Caty — 42.
  Isaac — 99.
  John — 92.
Vicars,

Vicars,
    Jane ------------------ 9.
Vicks,
    Margaret ------------- 5.

Waile,
    -------------------- 23.
    Josiah -------------- 90.
    Nancy --------------- 67.
Wainwright,
    -------------------- 56.
    Elizabeth ----------- 60.
    Mary ---------------- 47.
    Sarah --------------- 37.
Wakefield,
    Sarah --------------- 47.
Wallace,
    Celia ---------- 67, 97
Waller,
    Benjamin ------------ 90.
    Mary ---------------- 65.
Ward,
    Ann ----------------- 77.
    Benjamin ------------ 90.
    Elizabeth ----------- 49.
    Francis ------------- 10.
    Martha ---------63, 91.
    Mary -----------11, 96.
    Nancy --------------- 77.
    Olive --------------- 11.
    Rebecca ------------- 46.
    Sarah --------------- 43.
Warren,
    Elizabeth ----------- 96.
    James --------------- 95.
    Jane ---------------- 25.
    Margaret ------------ 52.
    Martha -------------- 25.
    Mary ---------------- 59.
    Patience ------------ 31.
    Sarah --------------- 56.
Washbourne,
    Mary ---------------- 38.
Washington,
    Elizabeth ----------- 1.
    Mary ---------------- 1.
Waters,
    Mary ---------------105.
Watkins,
    -------------------- 19.
    Ann ----------------107.
    Catherine ----------- 90.
    Elianor ------------- 28.
    Martha -------- 62, 94.
    Mary ---------- 19, 109.

    Mourning ------------ 43.
    Patience ------------ 69.
    Rebecca ------------- 89.
    Sally --------------- 71.
Watson,
    -------------------- 51.
    Ann ----------------- 41.
    Martha -------------- 61.
Watts,
    Sarah --------------- 42.
Webb,
    -------------------- 38.
    Elizabeth ------ 55, 58.
    Patsey -------------- 62.
Weeks,
    John ---------------100.
Welch,
    Sarah --------------- 59.
Wentworth,
    Ann ----------------- 7.
    Betty --------------- 16.
    Frances ------------- 43.
    Lois ---------------- 57.
    Mary ---------------- 41.
Wescott,
    Fanny --------------- 94.
West,
    -------------------- 24.
    Mary ---------------- 23.
    Sarah --------------- 53.
    William ------------100.
Weston,
    Benjamin ------------ 94.
    Rhoda --------------102.
    Samuel -------------101.
Westray,
    Chloe --------------- 95.
    Rebecca -------- 72, 98.
    Sally --- 61, 75, 83.
    Simon --------------- 92.
Wheadon,
    Martha -------- 15, 20.
    Mary ---------------- 9.
Whitaker,
    Dudley -------------- 97.
White,
    Elizabeth ------46, 108.
    Francis --------74, 97.
    Mary ---------------111.
    Rachel -------------109.
    Sally --------------- 93.
    Shelly -------------- 97.
Whitehead,
    Isabel -------------- 66.
    Jesse --------------- 92.
    Mary ---------- 69, 107.
    Patience ------------ 30.

Whitfield,
- Ann -------- 13, 17.
- Caty ------------------ 69.
- Copeland ------- 95, 96.
- Elizabeth ----------- 40.
- Fanny ----------- 32, 78.
- Jemima --------------- 91.
- Kerenhappuck -------- 18.
- Margaret ----------- 108.
- Mary ------ 62, 70, 97.
- Priscilla ------ 70, 96.
- Wilmuth ------------- 79.

Whitley,
- ---------------------- 56.
- Betsey -------------- 67.
- Bracey -------------- 90.
- Catherine ----------- 90.
- Elizabeth ----------- 76, 83, 94, 99.
- Emily --------------- 66.
- George -------------- 99.
- John S. ------------- 99.
- Tabitha ------------- 64.
- William ------------- 99.

Wiggs,
- Catherine ----------- 62.
- Elizabeth ---------- 103.
- Mary ----------------- 1.
- Sarah --------------- 10.

Wilds,
- Ann ----------------- 12.

Wilkinson,
- Ann ------------- 2, 20.
- Easter -------------- 27.
- Elizabeth ----------- 51, 59, 92, 108.
- Martha -------------- 37.
- Mary ---------------- 40.
- Rachel --- 39, 56, 98.
- William ------------- 91.

Willett,
- Betsey -------------- 92.
- Fanny --------------- 91.

Williams ------- 3, 7, 18, 27, 30, 42.
- Ann, ------- 42, 47, 109.
- David --------------- 93.
- Elizabeth -- 14, 44, 58.
- Ellen -------------- 45.
- James --------------- 98.
- Julia -------------- 101.
- Juliana -------- 58, 69.
- Letitia -------- 73, 96.
- Martha ------------- 108.
- Mary ----------- 67, 98.
- Nancy ---------- 75, 98.
- Priscilla ---------- 18.
- Prudence ----------- 76.

Williamson,
- -------------------- 14.
- Elizabeth ---------- 52.
- Hester -------------- 4.
- Joan ---------------- 9.
- Margaret ----------- 17.
- Martha ------------- 43.
- Patience ----------- 19.
- Wilmuth ------------ 31.

Willis,
- Elizabeth ---------- 64.

Wills,
- Barsheba ------ 69, 97.
- Elizabeth- 21, 72, 86.
- Holland ------ 73, 93.
- Lois --------- 21, 98.
- Martha ------------ 23, 45, 63, 71.
- Nathaniel ---------- 96.
- Pamelia ------- 87, 95.
- Polly --------- 87, 97.
- Prudence ----------- 26.
- Sally --------- 74, 97.
- Sarah --------------- 8.

Wilson,
- -------------- 5, 53.
- Ann ---------------- 47, 65, 80, 98.
- Elizabeth ---- 16, 94.
- Francis ------------ 57.
- Honour -- 40, 41, 47.
- James -------------- 91.
- Jane --------------- 24.
- Joan --------------- 21.
- Judith ------------- 14.
- Mary ----- 2, 3, 13.
- Prudence ----------- 36.
- Ridley -------------- 1.
- Sampson ------------ 96.
- Solomon ------------ 92.
- Thomas ------------- 98.

Winborne,
- Esther ------------- 95.
- Julia -------------- 92.

Woddrop (Woodrop),
- Ann ---------------- 60.
- Elizabeth ---------- 62.
- Lilly -------------- 93.

Wollard,
- Elizabeth ---------- 30.

Wombwell (Womble),
- -------------------- 86.
- Ann ---------------- 49.
- Celia ---------------- 2.
- Chace --------- 60, 96.
- Charity ------------ 67.

Wombwell,
- Charlotte -- 69, 99.
- Conny ------------ 60.
- Elizabeth --24, 60, 109.
- Frankey ---------- 97.
- Harty ------------ 61.
- Jeremiah --------- 97.
- Lemuel ----------- 101.
- Lucky ------------ 82.
- Lucy ------------- 18.
- Margaret --------- 35.
- Mary --------- 35, 90.
- Temperance ------- 77.
- Thomas ----------- 98.
- Wilmuth ---------- 100.

Wood,
- ---------------- 5, 7.
- Elizabeth -------- 62.
- Jonathan --------- 98.
- Margaret --------- 106.
- Mary ------------- 2.

Woodley,
- Andrew ----------- 100.
- Mary ------------- 12.
- Molly ------------ 59.

Woodward,
- Esther ----------- 10.
- John ------------- 98.
- Peter ------------ 90.
- Philaritas ------- 21.
- William ------91, 92.

Woory,
- Elizabeth -------- 6.

Wootten,
- Benjamin --------- 94.
- John ------------- 92.

Worrell,
- John ------------- 98.

Wrench,
- Elinor ----------- 38.
- Elizabeth -------- 30.
- John ------------- 90.

Wrenn,
- Ann -------------- 35.
- Cherry ----------- 96.
- Francis ---------- 64.
- John ------------- 92.
- Martha ---- 57, 76, 97.
- Polly -------- 82, 99.
- Prudence --------- 5.
- William ---------- 95.

Wright,
- ------------------ 13.
- Ann -------------- 23,
          64, 70, 95.
- Elizabeth ----- 8, 22.
- Mathew ----------- 97.
- Sarah ------------ 9.
- Violet ----------- 17.

Wynne,
- Elizabeth -------- 52.

Yarrett,
- Elizabeth -------- 37.

Young,
- Ann -------------- 30.
- Bennett ---------- 97.
- Elizabeth ---- 11, 40.
- Francis ------ 79, 97.
- James ------------ 96.
- Polly ------------ 35.
- Rebecca ---------- 74.